ZHINENG   QICHE   CHUANGANQI
YUANLI SHEJI YINGYONG

U0313998

智能汽车传感器
原理·设计·应用

吴建明

吴一昊　著

化学工业出版社

·北京·

内容简介

本书全面分析了智能汽车传感器的原理、设计与应用。全书共7章，内容包括智能汽车传感器技术、汽车摄像头技术、激光雷达技术、毫米波雷达技术、超声波传感器技术、汽车传感器标定技术、汽车传感器融合技术等。

本书结合作者多年的工作经验编写，力求将汽车传感器基础理论与案例实践融合在一起进行详细的讲解，旨在帮助读者理解智能汽车常用传感器工作原理，并了解相关技术与市场应用。本书可供自动驾驶从业人员、汽车工程师与管理人员、智能汽车传感器架构师、软件与硬件开发工程师、高校相关专业师生、产品市场规划师等人群参考使用。

图书在版编目（CIP）数据

智能汽车传感器：原理·设计·应用 / 吴建明，吴一昊著. -- 北京：化学工业出版社，2024. 10.
ISBN 978-7-122-46284-8

Ⅰ. U463.6

中国国家版本馆CIP数据核字第20243308FX号

责任编辑：张海丽　　　　　　　　　　文字编辑：王　硕
责任校对：宋　玮　　　　　　　　　　装帧设计：刘丽华

出版发行：化学工业出版社
　　　　　（北京市东城区青年湖南街13号　邮政编码100011）
印　　装：北京瑞禾彩色印刷有限公司
787mm×1092mm　1/16　印张11¾　字数298千字
2025年1月北京第1版第1次印刷

购书咨询：010-64518888　　　　　　　售后服务：010-64518899
网　　址：http://www.cip.com.cn
凡购买本书，如有缺损质量问题，本社销售中心负责调换。

定　　价：88.00元
版权所有　违者必究

　　智能汽车的自主驾驶技术依赖先进的计算机、传感器和通信技术。这些技术的发展将推动整个智能制造产业的升级，带动相关产业的发展。智能汽车的应用还将推动城市智能交通系统的建设，推动城市智能化进程。智能汽车可减少交通事故，提高道路交通安全性。智能汽车将通过实时监测和分析交通状况，自主控制车速和安全距离，避免人为因素对交通安全的影响。

　　智能汽车传感器是智能车辆的眼睛。随着汽车智能化技术的突破，汽车电子领域开始注重传感器的智能化发展。汽车正在向"一台安全、联网的自动驾驶机器人"快速演进，通过环境感知、规划决策，最终实现安全通行。目前应用于汽车环境感知的主流传感器产品包括摄像头、激光雷达、毫米波雷达、超声波传感器等四类。

　　本书详细解析智能汽车传感器的基本原理、技术、应用与开发，主要内容如下：

　　第一，从汽车传感器入手，概述了传统汽车传感器与智能汽车传感器技术。

　　第二，从智能汽车传感器入手，重点解析了车载摄像头、激光雷达、毫米波雷达、超声波传感器的基本原理、技术参数、产业链价值。

　　第三，详细介绍了传感器标定、传感器融合的原理及应用开发。

　　本书注重实践，与当前高级驾驶辅助系统（ADAS）、智能座舱、车联网、智能交通、地图定位等热点相结合。

　　本书写作过程中，笔者得到了家人的全力支持，在此，对他们表示深深的感谢。

　　由于笔者水平和时间所限，书中难免存在不足之处，还望广大读者不吝赐教。

著者

目录
CONTENTS

第1章

智能汽车传感器概述

本章主要介绍汽车智能化的相关概念、汽车传感器的基础知识、自动驾驶相关传感器对比，以及智能汽车传感器的发展现状与趋势。

1.1 汽车智能化

1.1.1 什么是智能化?

智能化是指事物在计算机网络、大数据、物联网和人工智能等技术的支持下，所具有的能满足人的各种需求的属性。

智能化模式是一种以智能化技术为基础，通过智能设备、传感器、大数据等手段实现智能化决策和管理的模式。这种模式可以应用于各种领域，如智能制造、智能家居、智能交通等。智能化模式的核心是智能化技术，包括人工智能、大数据、物联网等技术，这些技术可以帮助人们更好地理解和处理各种数据和信息，从而实现更加智能化和高效化的决策和管理。

（1）智能制造

人工智能算法对生产数据进行分析和预测，优化生产计划和调度；同时，机器和设备也具备了自学习和自适应能力，能够自动调整和优化生产过程。智能汽车以及智能汽车传感器的设计与制造就是智能制造的典型应用。

（2）数据采集和分析

当前物联网传感器技术应用十分广泛，企业能够通过物联网技术和传感器等设备，实现对生产过程和设备状态的数据采集。这些数据可以用于实时监测和分析，帮助企业进行生产优化、故障诊断和设备维护。数据采集与分析对智能汽车正常运行非常重要。

（3）大数据分析

通过大数据分析，企业可以发现潜在的业务机会、改进生产过程，并提高产品质量和客户满意度。智能汽车同样需要大数据支持。

智能化技术关联如图 1-1 所示。

图 1-1　智能化技术关联图

1.1.2　汽车智能化的重要载体——ADAS

ADAS（advanced driver assistance system，高级驾驶辅助系统）连接人工驾驶与全自动驾驶。ADAS 模拟人体生理机制，通过环境感知传感器（如摄像头、激光雷达、毫米波雷达等）收集车辆周围物体数据，判断是否存在潜在危险，并将结果以预警、执行等方式反馈给驾驶员，以避免交通事故的发生。随着智能化、网联化的推进，ADAS 扮演的角色由提示向协助、接管方向演进，在智能驾驶中的重要性逐渐增强。

ADAS 通过感知、决策、执行三大系统模拟人体机制。

① 感知系统：依靠各类传感器对车辆周围物体进行识别、定位、追踪，从而获取车辆周围数据。其中，摄像头、雷达是感知层面的重要传感器，前者获取物体特征信息（是什么），后者获取物体位置信息（在哪里）。

② 决策系统：输入数据，结合特定算法输出决策。

③ 执行系统：将决策结果通过车内高速通信网络落实在车辆行为上。

与智能驾驶进程同步，ADAS 亦站在了自动驾驶由 L2 向 L3、L4 升级的关口，如图 1-2 所示。当前阶段，ADAS 可在限制条件下操控车辆，但特殊情况下仍由人工控制，主要辅助应用包括 LKA、AEB、BSD、ACC、APA 等（英文含义可参考附录）。面向 L3、L4 阶段，TJA、

HWA 等辅助应用的普及将使 ADAS 有能力在特殊情况下控制驾驶。自动驾驶有赖于 ADAS 加持，智能化趋势有助于 ADAS 普及。

自动驾驶分级	L0 应急辅助	L1 部分自动辅助	L2 组合驾驶辅助	L3 有条件自动驾驶	L4 高度自动驾驶	L5 完全自动驾驶
ADAS 功能	TSR(标示识别) BSD(盲点监测) FCW(前方碰撞预警) LDW(车道偏离预警)	ACC(自适应巡航控制) AEB(自动紧急刹车) LKA(车道保持辅助)	LCA(变道预警) APA(自动泊车辅助)	TJP(交通拥堵领航) HWP(高速公路领航)	车路协同 CP(城市领航) AVP(自动代客泊车)	颇具想象空间
摄像头数量	0～1颗		1～3颗	3～8颗	8～12颗	

图 1-2　ADAS 升级进程

三大驱动力将拉动 ADAS 渗透率快速提升：造车新势力的入场、传统车企的革新以及商用车领域的政策推动。

① 造车新势力的入场：天然适配 ADAS，或成造车新势力弯道超车机会。

新能源汽车采用电气化架构，与 ADAS 天然适配。且新能源车企大都是新晋车企，在架构设计之初就融合了 ADAS 系统。ADAS 是"软件定义汽车"理念的重要应用，为造车新势力构筑了与传统车企相匹敌的竞争力。"软件定义汽车"理念中，软件重要性得以凸显。通过软件统一管理硬件，实现汽车软硬件解耦。新功能可通过 OTA（空中下载）技术升级软件，再由软件带动硬件实现。ADAS 是这一理念的重要应用，通过 OTA 技术可实现 ADAS 功能的快速更新，在未来自动驾驶迭代过程中有望迅速把握市场需求方向，体现成本优势。同时，每一次更新都创造了新的收入点，延长了汽车的价值周期。更多造车新势力入场，借力 ADAS 弯道超车，有望带动 ADAS 渗透率提升。借鉴智能手机的发展经验，在时代更迭之际，市场上会有大量新进入者。未来会有更多标配 ADAS 的造车新势力入场，ADAS 渗透率有望继续提升。图 1-3 所示为 OTA 云端升级流程。

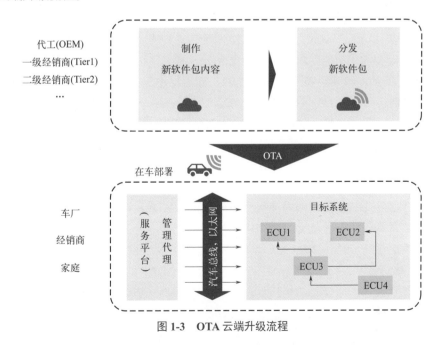

图 1-3　OTA 云端升级流程

② 传统车企的革新：展望未来，造车新势力的加入将倒逼传统车企在新车架构上进行革新，ADAS 渗透率有望加速提升。汽车市场智能化浪潮已势不可挡，造车新势力带来的竞争压力日渐增大，电子化升级尽管艰难，却是传统车企必要的破局之道。

各大主机厂自动驾驶时间表如图 1-4 所示，可见高级别自动驾驶渐行渐近。

区域	主机厂	2013年	2014年	2015年	2016年	2017年	2018年	2019年	2020年	2021年	2022年	2023年	2024年	2025年
欧美	奔驰		L1			L2			L3		L4/5			
	宝马			L1			L2			L3		L4/5		
	大众				L1			L2			L3		L4/5	
	奥迪		L1	L2						L3				L4/5
	通用			L1				L2				L4/5		
	沃尔沃	L1					L2					L4/5		
	福特			L1				L2				L4/5		
	特斯拉		L1			L2			L4/5					
日韩	现代					L1			L2			L4/5		
	丰田				L1				L2	L3		L4/5		
	本田	L1							L2	L3		L4/5		
	日产		L1				L2			L3		L4/5		
中国	长安				L1		L2			L3			L4/5	
	长城			L1			L2					L4/5		
	比亚迪				L1						L2			L4/5
	一汽红旗					L1		L2			L3			L4/5
	吉利			L1			L2			L3		L4/5		
	广汽					L1	L2			L3			L4/5	
	北汽							L1		L2		L3		L4/5
	上汽						L1			L2		L3		L4/5
	奇瑞							L1				L3		L4/5
	理想				L1					L2			L4/5	
	蔚来			L1			L2			L3		L4/5		
	小鹏			L1		L2				L3		L4/5		
	东风					L1		L2	L3	L4				

图 1-4 各大主机厂自动驾驶时间表

③ 商用车领域：政策引领商用车 ADAS 渗透率跃升。

商用车消费群体选购车辆时，更关注其作为生产工具的属性，如成本、耐久度等。对安全预警、紧急制动等智能化功能需求较低，导致 ADAS 渗透率较低。而大部分交通事故恰恰是由于商用车主忽视安全、违规驾驶等因素导致的。据盖世汽车研究院预测，AEB、FCW、LDW 分别能够降低 50%、27%、11% 的事故率，ADAS 对于商用车显得尤为重要。近年来，政策端强制满足特定条件的商用车嵌入 AEB、LDW、LKA、FCW 等 ADAS 系统以提高安全性、便于监管，未来几年商用车 ADAS 普及程度将有飞跃式提升。

基于以上假设，对六大主要的 ADAS 功能（并线辅助、车道保持、自适应巡航、碰撞报警/主动刹车、自动泊车、360°环视）在新能源车/传统燃油车中的渗透率分别做了测算，并采用六大功能中渗透率的最高值作为该类乘用车的整体 ADAS 渗透率（因为只要具备其中一种功能，即代表该车具备 ADAS 能力）。

经最终测算，预计 2020—2025 年，新能源汽车 ADAS 渗透率将从 42% 提升至 87%，传统燃油车 ADAS 渗透率将从 40% 提升至 95%。商用车 ADAS 渗透率已在 2022 年达到 100%。结合各类车型销售占比，汽车整体市场 ADAS 渗透率，从 2020 年的 41% 提高到 2025 年的 94%。图 1-5 所示为各类型 ADAS 渗透率（含预测值）。

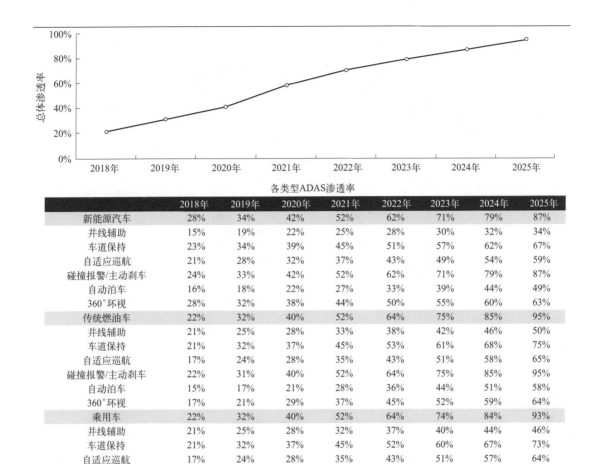

图 1-5　各类型 ADAS 渗透率（含预测值）

注：假设一款车型配备了一种 ADAS 功能，即视为 ADAS 已渗透。
　　平均渗透率采用各 ADAS 功能中渗透率的最大值。

1.2　汽车传感器基础知识

　　现在的汽车越来越智能化，汽车上的很多系统都由电脑来控制，如发动机系统、变速箱系统、悬架系统、制动系统、空调系统、车身控制系统等。电脑要控制这些系统，必须要得到正确的信息来确认系统的状态，然后发出正确的指令来控制系统动作，从而执行驾驶员的意图，正确地控制汽车。

　　这些反映系统状态的信息是由一种叫作传感器的元件来完成的。如今即使是一辆很普通的汽车，上面的传感器也多达几十个，配置高一点的车上传感器更是高达上百个。传感器元件系统如图 1-6 所示。

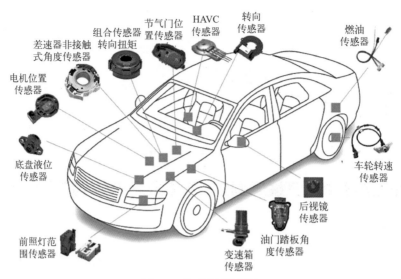

图 1-6　传感器元件系统

汽车在运行中，各系统会处于不同的工作状态，这些工作状态常常由水温、油温、进气压力、车速、节气门位置、挡位等参数来反映，这些信息是汽车的电脑无法直接读取的，必须转化为电脑能够识别的电信号。汽车传感器执行的就是这样的任务，它把汽车运行中的光、电、温度、压力、时间等信息转化成电信号，输入车载电脑系统，然后由电脑中预先存储的程序进行计算分析，从而判断汽车的运行状态。

1.2.1　常见的汽车传感器有哪些?

随着电子技术的发展，汽车电子化程度不断提高，通常的机械系统已经难以解决某些与汽车功能要求有关的问题，因而被电子控制系统代替。

汽车传感器作为汽车电子控制系统的关键部件，直接影响汽车技术性能的发挥。现代汽车已将传感器技术扩展到底盘、车身和灯光电气系统上，这些系统采用的传感器有 100 多种。这些传感器主要分布在发动机控制系统、底盘控制系统和车身控制系统中。

汽车传感器的作用就是根据规定的被测量的大小，定量提供有用的电输出信号，亦即把时间、电压、温度、压力及气体浓度等物理量转换成电信号。

汽车传感器的种类很多，下面介绍分布在不同车辆控制系统中的一些常用的汽车传感器。

（1）发动机控制用传感器

发动机控制用传感器有许多种，其中包括气体浓度传感器、温度传感器、压力传感器、流量传感器位置和转速传感器、爆震传感器等。这类传感器是整个发动机的核心，利用它们可提高发动机动力性、降低油耗、减少废气、反映故障等。

由于发动机控制用传感器工作在发动机振动、汽油蒸气、污泥等恶劣环境中，因此它们耐恶劣环境技术指标要高于一般的传感器。它们的性能指标要求有很多种，其中最关键的是测量精度与可靠性，避免由传感器检测带来的误差最终导致发动机控制系统失灵或故障。

① 气体浓度传感器。气体浓度传感器主要用于检测车体内气体和排放的废气。其中，最

主要的是氧传感器，实用化的有氧化锆传感器（使用温度 -40 ～ 900℃，精度 1%）、氧化锆浓差电池型气体传感器（使用温度 300 ～ 800℃）、固体电解质式氧化锆气体传感器（使用温度 0 ～ 400℃，精度 0.5%）。

另外还有二氧化钛氧传感器。和氧化锆传感器相比，二氧化钛氧传感器具有结构简单、轻巧、便宜且抗铅污染能力强的特点。

② 温度传感器。温度传感器主要用于检测发动机温度、吸入气体温度、冷却水温度、燃油温度以及催化温度等。温度传感器有线绕电阻式、热敏电阻式和热电偶式三种主要类型。三种传感器各有特点，其应用场合也略有区别。

线绕电阻式温度传感器的精度高，但响应特性差；

热敏电阻式温度传感器灵敏度高，响应特性较好，但线性差，适应温度较低；

热电偶式温度传感器的精度高，测量温度范围宽，但需要配合放大器和冷端处理器一起使用。

已实用化的产品有热敏电阻式温度传感器（通用型：使用温度 -50 ～ 130℃，精度 1.5%，响应时间 10ms。高温型：使用温度 600 ～ 1000℃，精度 5%，响应时间 10ms）、铁氧体式温度传感器（ON/OFF 型：使用温度 -40 ～ 120℃，精度 2.0%）、金属或半导体膜空气温度传感器（使用温度 -40 ～ 150℃，精度 2% ～ 5%，响应时间 20ms）等。

③ 压力传感器。压力传感器主要用于检测气缸负压、大气压、涡轮发动机的升压比、气缸内压、油压等。吸气负压式传感器主要用于吸气压、负压、油压检测。汽车用压力传感器应用较多的有电容式、压阻式、线性可变差动变压器式（LVDT）、表面声波式（SAW）：

电容式压力传感器主要用于检测负压、液压、气压，测量范围 20 ～ 100kPa，具有输入能量高，动态响应特性好、环境适应性好等特点；

压阻式压力传感器受温度影响较大，需要另设温度补偿电路，但适合大量生产；

LVDT 式压力传感器有较大的输出，易于数字输出，但抗干扰性差；

SAW 式压力传感器具有体积小、重量轻、功耗低、可靠性高、灵敏度高、分辨率高、数字输出等特点，用于汽车吸气阀压力检测，能在高温下稳定地工作，是一种较为理想的传感器。

④ 流量传感器。流量传感器主要用于发动机空气流量和燃料流量的测量，常见种类为空气流量计、燃料流量传感器。

空气流量的测量用于发动机控制系统确定燃烧条件、控制空燃比、启动、点火等。空气流量计有旋转翼片式（叶片式）、卡门涡旋式、热线式、热膜式等四种类型：

旋转翼片式（叶片式）空气流量计结构简单，测量精度较低，对于测得的空气流量需要进行温度补偿；

卡门涡旋式空气流量计无可动部件，反应灵敏，精度较高，也需要进行温度补偿；

热线式空气流量计测量精度高，无须温度补偿，但易受气体脉动的影响，易断丝；

热膜式空气流量计和热线式空气流量计测量原理一样，但体积小，适合大批量生产，成本低。

空气流量计的主要技术指标为：工作范围 0.11 ～ 103m³/min，工作温度 -40 ～ 120℃，精度 ≤ 1%。

燃料流量传感器用于检测燃料流量，主要有水轮式和循环球式，其动态范围为 0 ～ 60kg/h，工作温度为 -40 ～ 120℃，精度为 ±1%，响应时间小于 10ms。

⑤ 位置和转速传感器。位置和转速传感器主要用于检测曲轴转角、发动机转速、节气门的

开度、车速等。目前汽车使用的位置和转速传感器主要有交流发电机式、磁阻式、霍尔效应式、簧片开关式、光学式、半导体磁性晶体管式等，其测量范围为 0°～ 360°，精度在 ±0.5° 以内，测弯曲角精度达 ±0.1°。

车速传感器种类繁多，有敏感车轮旋转式，也有敏感动力传动轴转动式，还有敏感差速从动轴转动式。当车速高于 100km/h 时，一般测量方法误差较大，需采用非接触式光电速度传感器，测速范围为 0.5～ 250km/h，重复精度为 ±0.1%，距离测量误差优于 ±0.3%。

⑥ 爆震传感器。爆震传感器用于检测发动机的振动，通过调整点火提前角来控制或避免发动机发生爆震。可以通过检测气缸压力、发动机机体振动和燃烧噪声等三种方法来检测爆震。

爆震传感器有磁致伸缩式和压电式。磁致伸缩式爆震传感器的使用温度为 -40～ 125℃，频率范围为 5～ 10kHz；压电式爆震传感器在中心频率 5.417kHz 处，其灵敏度、线性度良好。

（2）底盘控制用传感器

底盘控制用传感器是指分布在变速器控制系统、悬架控制系统、动力转向系统、防抱死制动系统中的传感器，在不同系统中作用不同，但工作原理与发动机控制用传感器是相同的。主要有以下几种形式：

① 变速器控制传感器。变速器控制传感器多用于电控自动变速器的控制。它是对车速传感器、加速度传感器、发动机负荷传感器、发动机转速传感器、水温传感器、油温传感器检测所获得的信息进行处理，使电控装置控制换挡点和液力变矩器锁止，实现最大动力和最大燃油经济性。

② 悬架系统控制传感器。悬架系统控制传感器主要有车速传感器、节气门开度传感器、加速度传感器、车身高度传感器、转向盘转角传感器等。根据检测到的信息自动调整车高，抑制车辆姿势的变化等，实现对车辆舒适性、操纵稳定性和行车稳定性的控制。

③ 动力转向系统控制用传感器。它根据车速传感器、发动机转速传感器、转矩传感器等检测所获得的信息，使动力转向电控系统实现转向操纵轻便，提高响应特性，减少发动机损耗，增大输出功率，节省燃油等。

④ 防抱死制动控制用传感器。它根据车轮角速度传感器检测到的车轮转速，在各车轮的滑移率为 20% 时，控制制动油压、改善制动性能，确保车辆良好的操纵性和稳定性。

（3）车身控制用传感器

采用这类传感器的主要目的是提高汽车安全性、可靠性、舒适性等。主要有：自动空调系统中的多种温度传感器、风量传感器、日照传感器等；安全气囊系统中的加速度传感器；用于门锁控制的车速传感器；用于亮度自动控制的光传感器；用于倒车控制的超声波传感器或激光传感器；用于保持车距的距离传感器；用于消除驾驶员盲区的图像传感器等；死角报警系统中的超声波传感器；图像传感器等。

（4）导航系统用传感器

随着基于 GPS/GIS（全球定位系统和地理信息系统）的导航系统在汽车上的应用，导航系统用传感器在近几年得到迅速发展。导航系统用传感器主要有：确定汽车行驶方向的罗盘传感器、陀螺仪，车速传感器，转向盘转角传感器等。

（5）自动驾驶技术相关传感器

自动驾驶技术并不简单，它包括了环境信息和车内信息的采集与处理，这是一项庞大且复杂的技术工程，包括各种软件和硬件技术，其中涉及了很多自动驾驶技术和各种测试验证。实现无人驾驶是一个漫长且严谨的过程，在硬件方面就离不开各种感知技术。与自动驾驶技术相关的传感器及有关部件的车身位置信息如图 1-7 所示。

图 1-7 自动驾驶技术相关传感器及有关部件

不同车型的汽车配备哪些传感器，取决于汽车工程师做的汽车安全方案，同时也是根据汽车本身需要完成的任务、汽车行驶环境等复杂因素来设定的。如高速驾驶主要运用长距 77GHz 毫米波雷达结合摄像头图像处理以起到前方碰撞预警、车道偏离预警和减速刹车指令等作用，盲区主要应用 24GHz 毫米波雷达数据作为变道辅助预警和纠正方向指令的依据。而城区道路更加复杂，所需要的环境传感技术就更多了。

目前应用和纳入自动驾驶测试的车载传感器主要分为以下几类：

① 视觉传感器。视觉传感器采用摄像头图像处理传感技术，主要用于前方碰撞预警，在车道偏离预警方面有擅长之处，也是目前使用较多和较广的防碰撞设备。比较知名的视觉传感器以以色列的 Mobileye 为代表。

② 毫米波雷达。毫米波雷达的频率目前以 24GHz、77GHz 和 79GHz 等为主，有短距雷达（SRR）和长距雷达（LRR）之分，是目前在汽车前方碰撞预警方面仅次于视觉传感器的第二大汽车传感器技术。

③ 激光雷达。激光雷达也是重要的传感器，目前已经用于车载测试的激光雷达可以实现六十几线。

④ 超声波传感器。超声波传感器具有成本低、运用灵活的特点，它在短距离、低速度运行上有独到的地方，如在倒车雷达等方面目前均有使用。特斯拉 Model S 车型就主要是靠摄像头、

毫米波雷达和超声波传感器实现传感的，特斯拉辅助驾驶系统使用的硬件包括前置摄像头、前置雷达（相对廉价的毫米波雷达）、12 个超声波传感器。

⑤ 红外线传感器。红外线传感器擅长温度检测，具有反应速度快、成本低的特点，但易受环境干扰，精度不高，探测距离近，方向性差，耐脏污和尘土能力差。红外线传感器可以在车内和车门开启等场景下运用。

⑥ 声音传感器。未来的无人驾驶汽车肯定离不开声音传感器，特别是部分载人商用车和轿车等。声音传感是容易被忽略的一种传感技术，但实际运用场景中，不管是外部传感和车内传感都离不开声音传感技术。

汽车驾驶环境是复杂的，模拟无人驾驶汽车在所有环境中的自动平稳运行，需要对各种工况进行精确感知，这就势必要融合各种环境传感技术，实现多传感器融合，以便能够给汽车"大脑"发出安全、精准的指令。目前，传感器融合可以实现自动减速刹车（AEBS，也称为自动紧急制动系统）、定速巡航、自适应巡航等功能。多种传感技术融合势必大大提升汽车的成本，这也是测试验证之后将面临的如何实现产品落地的难题。因此，汽车的自动化驾驶之路还是任重而道远的，需要传感器技术加速发展，并能尽快提供多传感器融合的方案，尽可能地实现量产。

多传感器融合，这也是目前智能汽车行业在走的路。目前在智能汽车上已经实现了将摄像头图像处理和 77GHz 毫米波雷达相融合用于汽车前方碰撞预警系统。

1.2.2 传感器在汽车安全系统上的应用

传感器信息为许多主动和被动安全系统的功能实现提供了基础。新型传感器的开发取得了重大进展，促使安全和驾驶辅助系统的能力不断提高。因此，传感器在保障道路安全方面发挥着关键作用。

① 前方碰撞预警系统。一旦车辆接近前方另一辆车的位置，它就会向驾驶员发出警报。它使用各种传感器，如摄像头、毫米波雷达或激光雷达来感知车辆前方的物体或其他车辆。配备自动制动系统的前方碰撞预警系统将降低车辆的速度，从而避免碰撞或减轻碰撞的影响。

② 自适应巡航控制系统。自适应巡航控制系统保持车辆的预设速度。在交通繁忙的情况下，它会机械地减慢车辆速度，以确保安全间隙。前部安装的传感器可跟踪车辆前方的空间。

③ 车道偏离预警系统。该系统使用摄像头在车道上跟踪车辆的位置，并在车辆即将处于危险时向驾驶员发出警报。某些系统提供体感警告，如座椅或转向盘振动，而其他系统提供听觉和 / 或视觉警告。

④ 盲点检测系统。该系统监测车辆前部、侧面和后部区域的盲点。大多数此类系统都提供视觉警报。当驾驶员发出转向信号，并且车辆正驶向转向侧的盲点时，会启动声音警报。某些系统还可能启动转向控制装置或制动器，以应对车道上的车辆。

⑤ 泊车辅助和倒车辅助系统。泊车辅助和倒车辅助系统协助驾驶员停车与倒车。后方物体检测系统利用摄像头等传感器来完成倒车预警。

⑥ 自适应前照灯。自适应前照灯帮助驾驶员在黑暗、弯曲的道路上看到更远的物体。

⑦ 疲劳预警系统。疲劳预警系统使用精细的算法来检测驾驶员的眨眼间隔时长和眨眼频率

等不同数据以判断是否存在疲劳驾驶。

⑧ 弯道速度报警系统。弯道速度报警系统使用定位系统和数字地图来监控车辆，如果系统检测到车辆正超速接近弯道，则弯道速度传感器会向驾驶员发出警报。

⑨ 环境保护系统。传感器稳定可靠的车辆不仅更安全，而且更清洁。环境保护系统为保障发动机内清洁有效的燃料燃烧提供了基本信息，从而能够显著降低废气排放值和燃料消耗量。

⑩ 高效排气再处理系统。高效排气再处理系统支持排气系统的可靠运行。

1.2.3 传统燃油汽车常用传感器解析

① 空气流量计。它供 L 型电控燃油喷射系统使用。空气流量计安装在空气滤清器与节气门体之间，用于测量空气流量。它能将吸入的空气量转换成电信号送至发动机电子控制单元，作为决定喷油量的基本信号之一。热膜式空气流量计如图 1-8 所示。

进气气流

图 1-8　热膜式空气流量计

② 进气压力传感器。它供 D 型电控燃油喷射系统使用。进气压力传感器检测的是节气门后方的进气歧管的绝对压力。它根据发动机转速和负荷的大小检测进气歧管内绝对压力的变化，然后转换成电压信号送至 ECU（电子控制单元），ECU 根据此电压信号的大小，控制基本喷油量的大小。进气压力传感器如图 1-9 所示。

图 1-9　进气压力传感器

③ 节气门位置传感器。它安装在节气门体上，与节气门轴保持联动，进而反映发动机的不同工况。它是怠速控制、起步加速控制、急加速控制、急减速控制、断油控制、点火提前角控制及自动变速器换挡控制的主要信号传感器。节气门位置传感器如图 1-10 所示。

④ 曲轴位置传感器。曲轴位置传感器的作用是感知曲轴转角的位置，以确定活塞在气缸中往复运动的位置，从而确定喷油定时和点火正时的基准点。曲轴位置传感器如图 1-11 所示。

图 1-10　节气门位置传感器

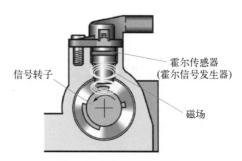

图 1-11　曲轴位置传感器

　　⑤ 凸轮轴位置传感器。凸轮轴位置传感器又称为气缸识别传感器。凸轮轴位置传感器的功用是采集配气凸轮轴的位置信号，并输入 ECU，以便 ECU 识别发动机某气缸（如一缸）上止点位置，从而顺序进行喷油控制、点火时刻控制和爆燃控制。凸轮轴位置传感器如图 1-12 所示。

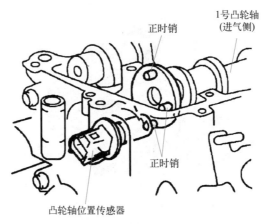

图 1-12　凸轮轴位置传感器

　　⑥ 温度传感器。它主要检测冷却液温度、进气温度、排气温度等，将它们转换成电信号，从而控制喷油器开启时刻和持续时间。冷却液温度传感器的结构如图 1-13 所示。

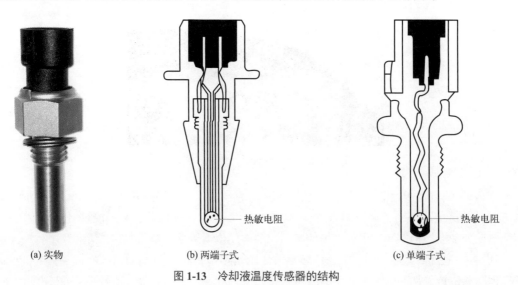

(a) 实物　　　　　　　(b) 两端子式　　　　　　　(c) 单端子式

图 1-13　冷却液温度传感器的结构

进气温度传感器的安装位置如图 1-14 所示。

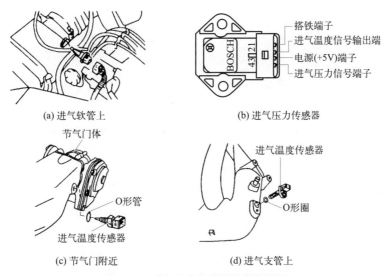

(a) 进气软管上　　　　　　　　(b) 进气压力传感器

(c) 节气门附近　　　　　　　　(d) 进气支管上

图 1-14　进气温度传感器的安装位置

⑦ 氧传感器。氧传感器安装在排气管上，通过检测汽车尾气中氧含量以及气缸中空燃比向供油系统发出负反馈信号，以修正喷油脉冲，将空燃比调整到理论值，达到理想的排气净化效果。氧化锆传感器的构造如图 1-15 所示。

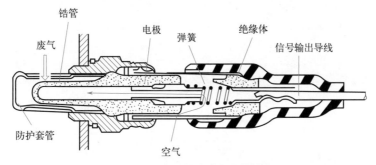

图 1-15　氧化锆传感器的构造

二氧化钛传感器的构造如图 1-16 所示。

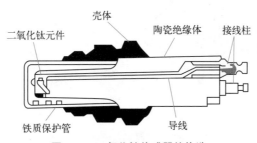

图 1-16　二氧化钛传感器的构造

⑧ 爆震传感器。爆震传感器安装在缸体上，向 ECU 输入气缸压力或发动机振动信号，经 ECU 处理后，控制点火提前角，抑制爆震产生。双、单爆震传感器发动机如图 1-17 所示。

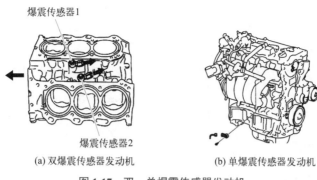

(a) 双爆震传感器发动机   (b) 单爆震传感器发动机

图 1-17 双、单爆震传感器发动机

⑨ 车速传感器。它用于检测自动变速器输出轴的转速。电控单元根据车速传感器的信号计算车速，作为换挡控制的依据。车速传感器（输出轴转速传感器）如图 1-18 所示。

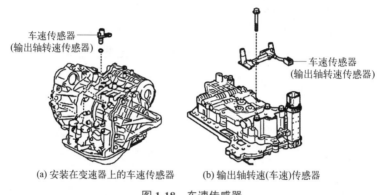

(a) 安装在变速器上的车速传感器   (b) 输出轴转速(车速)传感器

图 1-18 车速传感器

⑩ 输入轴转速传感器。输入轴转速传感器用于检测输入轴转速，并将信号送入 ECU，使 ECU 更精确地控制换挡过程，以改善换挡感觉，提高汽车的行驶性能。变速器输入轴转速传感器如图 1-19 所示。

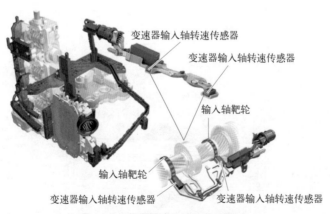

图 1-19 变速器输入轴转速传感器

⑪ 冷却液温度传感器。当冷却液温度低于预定温度时，如果变速器换入超速挡，发动机性能及车辆乘坐的舒适性会受到影响。为了防止这种情况发生，在冷却液温度达到预定温度（例

如 105℃）以前，自动变速器不会换入最高挡。

⑫ 液压油温度传感器。它用于检测自动变速器液压油的温度，以此作为进行换挡控制、油压控制和锁止离合器控制的依据。此外，液压温度传感器还涉及各种开关信号，如空挡启动开关信号、强制降挡开关信号、行驶模式开关信号等。

⑬ 车轮转速传感器。车轮转速传感器用于检测车轮的转速，并将车轮的转速信号传给 ABS（防抱死制动系统）电子控制单元。电子控制单元根据此信号计算汽车的参考车速、各车轮速度和减速度，确定各车轮的滑移率。车轮转速传感器如图 1-20 所示。

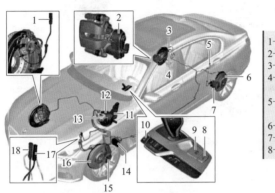

1—右前轮转速传感器；
2—电动机械式驻车制动器；
3—右后轮转速传感器；
4—右后制动摩擦片磨损传感器；
5—左后轮转速传感器及插接器；
6—左后轮制动器制动盘；
7—左后轮制动器制动钳；
8—自动驻车按钮；

车轮转速传感器安装位置

9—驻车制动按钮；	14—动态稳定控制系统(DSC)；
10—DSC按钮；	15—左前轮制动钳；
11—踏板机构支撑座；	16—左前轮制动盘；
12—制动助力器；	17—左前轮转速传感器；
13—制动液补液罐；	18—左前轮制动摩擦片磨损传感器

图 1-20　车轮转速传感器

⑭ 加速度传感器（减速度传感器）。加速度传感器分为正加速度传感器和负加速度传感器。负加速度传感器也称为减速度传感器。加速度传感器又称 G 传感器（或重力传感器）。它一般应用于四轮驱动的汽车上，其作用是在汽车制动时，获得汽车减速度信号，从而识别路面是否是雪路、冰路等易滑路面。

⑮ 触发碰撞传感器。触发碰撞传感器也称为碰撞强度传感器，用于检测碰撞时的加速度变化，并将碰撞信号传给安全气囊 ECU，作为安全气囊 ECU 的触发信号。

⑯ 防护碰撞传感器。防护碰撞传感器也称为安全碰撞传感器，它与触发碰撞传感器串联，用于防止安全气囊误爆。

⑰ 转矩传感器。转矩传感器不断地测出转向轴上的转矩信号，电控单元根据这些输入信号，确定助力转矩的大小和方向，即选定电动机的电流和转向，调整转向辅助动力的大小。

⑱ 转向盘转角传感器。转向盘转角传感器集成在转向盘下的时钟弹簧内，用来检测转向盘的中间位置、转动方向、转动角度和速度信号。这些信号用于电控助力转向、车辆稳定控制、电控悬架中。转向盘转角传感器如图 1-21 所示。

⑲ 车身高度传感器。它用来检测汽车竖直方向上高度的变化，其信号可使悬架控制单元感受到车辆高度变化，通过有关执行元件调整汽车车身高度。

⑳ 水平传感器。它主要检测汽车是否处于水平状态，为电控悬架和大灯自动调平系统提供辅助信号。

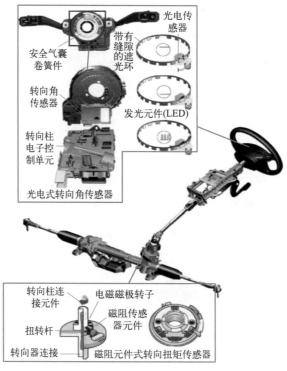

图 1-21　转向盘转角传感器

1.2.4　看图了解汽车传感器的安装位置

（1）发动机控制系统传感器安装位置

燃油汽车发动机控制系统传感器（前视图）如图 1-22 所示。

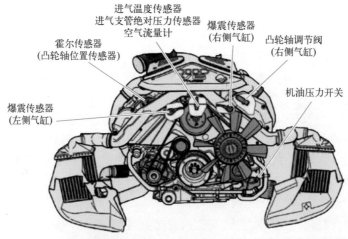

注意 V 型发动机左右气缸的辨别：面相正时带（冷却风扇），右手边为右侧气缸，左手边为左侧气缸。

相应的图示称为前视图。发动机飞轮/离合器一面称为后视图。

图 1-22　发动机安装系统传感器（前视图）

发动机控制系统传感器（后视图）如图 1-23 所示。

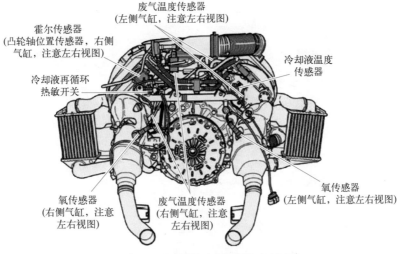

图 1-23　发动机控制系统传感器（后视图）

发动机控制系统传感器（顶视图）如图 1-24 所示。

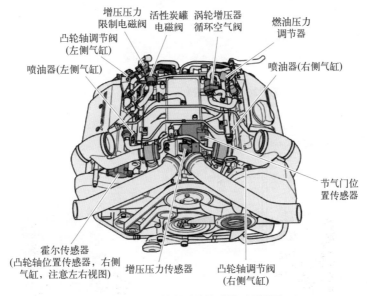

图 1-24　发动机控制系统传感器（顶视图）

加速踏板位置传感器如图 1-25 所示。

图 1-25　加速踏板位置传感器

发动机控制系统传感器（总图）如图 1-26 所示。

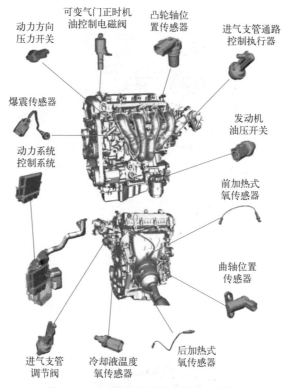

图 1-26 发动机控制系统传感器（总图）

（2）变速器控制系统传感器安装位置

① 霍尔式挡位行程传感器安装位置如图 1-27 所示。

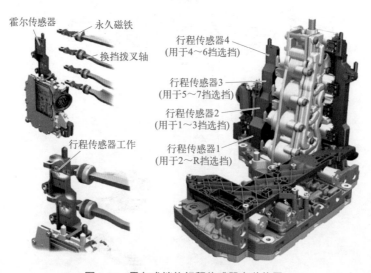

图 1-27 霍尔式挡位行程传感器安装位置

② 变速器输入轴转速传感器安装位置如图 1-19 所示。

（3）动态稳定系统传感器安装位置

动态稳定系统车轮转速传感器安装位置如图 1-20 所示。

（4）主动式稳定杆系统传感器安装位置

主动式稳定杆系统车轮加速度传感器安装位置如图 1-28 所示。

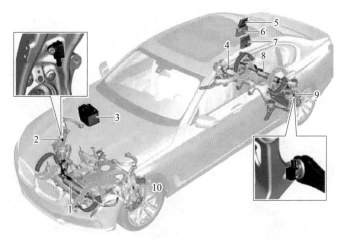

图 1-28 主动式稳定杆系统车轮加速度传感器安装位置

1—前桥电动主动式侧倾稳定杆；2—右前车轮加速度传感器；3—发动机室 12V 蓄电池；4—右后车轮
加速度传感器；5—垂直动态管理平台；6—右后配电盒；7—电源控制单元（PCU）；8—后桥电动主动
式侧倾稳定杆；9—左后车轮加速度传感器；10—左前车轮加速度传感器

（5）安全气囊系统传感器安装位置

安全气囊系统碰撞传感器安装位置如图 1-29 所示。

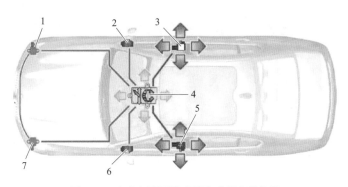

图 1-29 安全气囊系统碰撞传感器安装位置

1—右前碰撞传感器；2—右侧 B 柱碰撞传感器；3—右前车门内碰撞传感器（侧面碰撞传感器）；
4—SRS 控制单元内的加速度传感器；5—左前车门内碰撞传感器（侧面碰撞传感器）；6—左侧
B 柱碰撞传感器；7—左前碰撞传感器

（6）轮胎压力监控系统传感器安装位置

轮胎压力监控系统轮胎压力传感器安装位置如图 1-30 所示。

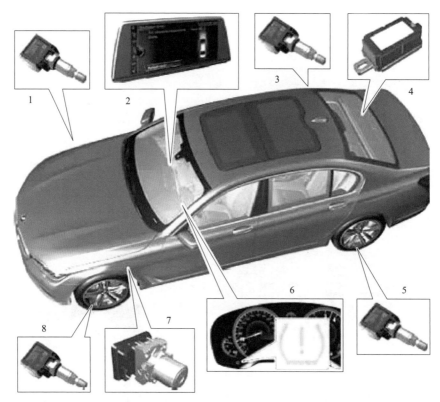

图 1-30 轮胎压力监控系统轮胎压力传感器安装位置

1—右前车轮胎压监控传感器（车轮电子装置）；2—中央信息显示器（可显示轮胎充气压力）；3—右后车轮胎压监控传感器（车轮电子装置）；4—遥控信号接收器；5—左后车轮胎压监控传感器（车轮电子装置）；6—组合仪表；7—动态稳定控制系统（DSC）；8—左前车轮胎压监控传感器（车轮电子装置）

（7）空调系统传感器安装位置

图 1-31 和图 1-32 表示空调系统传感器安装位置。

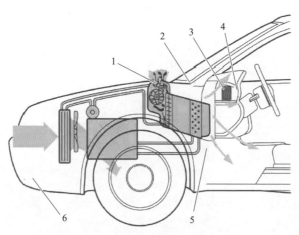

图 1-31 空调系统传感器安装位置（一）

1—新鲜空气进气通道温度传感器；2—阳光强度传感器；3—控制单元；4—仪表板温度传感器；
5—脚坑出风口温度传感器；6—车外温度传感器

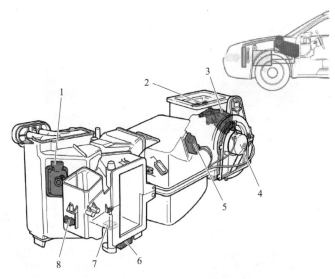

图 1-32 空调系统传感器安装位置 (二)

1—脚坑/除霜翻板伺服电机;2—新鲜空气进气通道温度传感器;3—空气流量翻板和循环空
气翻板伺服电机;4—新鲜空气鼓风机;5—新鲜空气鼓风机控制单元;6—中央翻板伺服电机;
7—温度翻板伺服电机;8—脚坑出风口温度传感器

(8) 进气温度传感器安装位置

进气温度传感器 (IAT) 用来检测进气温度,并将进气温度信号转变成电信号输送给发动机控制模块,作为汽油喷射、点火正时的修正信号。图 1-33 表示进气温度传感器安装位置。

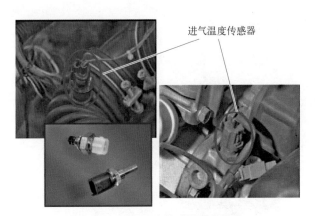

进气温度传感器

图 1-33 进气温度传感器安装位置

(9) 氧传感器安装位置

氧传感器的根本作用是检测尾气中氧浓度,然后发动机系统控制电脑会通过氧传感器提供的氧浓度信号,来判断发动机的燃烧状况 (前氧传感器) 或者催化器的工作效率 (后氧传感器)。氧传感器分为氧化锆式和氧化钛式。

如果氧传感器发生故障,会导致发动机性能不良、怠速不稳、排放值不正常、油耗加大、火花塞积炭等现象发生。图 1-34 和图 1-35 表示氧传感器安装位置,图 1-36 表示前/后氧传感器安装位置。

图 1-34　氧传感器安装位置（一）

图 1-35　氧传感器安装位置（二）

图 1-36　前 / 后氧传感器安装位置

（10）爆震传感器安装位置

爆震传感器用来检测发动机的燃烧过程中是否发生爆震，并把爆震信号输送给发动机控制电脑作为修正点火提前角的重要参考信号。

爆震传感器有非共振型和共振型两种，一般安装在 2 缸和 3 缸之间，或者 1、2 缸中间一个，3、4 缸中间一个。一般的爆震传感器的连接线上都用屏蔽线包裹。

当爆震传感器发生故障时，会出现发动机爆燃、点火正时失准、油耗高、功率降低、发动机工作粗暴等现象。图 1-37 和图 1-38 表示爆震传感器安装位置。

图 1-37　爆震传感器安装位置（一）

图 1-38 爆震传感器安装位置（二）

1.3 自动驾驶相关传感器对比

1.3.1 不同传感器市场规模比较

随着汽车自动驾驶等级的提高，对传感器的数量和质量也提出了更高的要求。L2 级自动驾驶汽车传感器数量约为 6 个，L3 级约为 13 个，未来 L5 级要达到 30 个以上，相应地带动汽车传感器市场高速增长。2016 年，中国汽车传感器市场规模已达百亿美元。预计到 2025 年，市场规模将突破 600 亿美元。中国汽车传感器市场规模如图 1-39 所示。

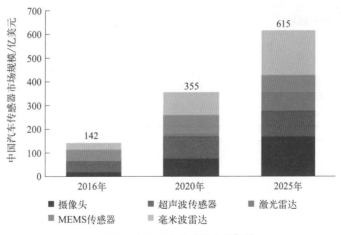

图 1-39 中国汽车传感器市场规模

1.3.2 不同传感器性能比较

表 1-1 所示是根据公开资料整理的自动驾驶汽车不同类型传感器的性能对比。

表1-1 自动驾驶汽车传感器性能比较

项目	激光雷达	毫米波雷达		超声波传感器	摄像头	红外设备
		中短距，24GHz	长距，77GHz			
短距离范围（0～<2m）	作用距离<200m	作用距离<50m 分辨率不高	作用距离<250m	作用距离<2m	不可测距	
中等距离范围（2～<30m）			分辨率不高	超出范围		
长距离范围（30～<100m）		超出范围	分辨率不高			
可探测垂直角度（<10°范围）		仅速度				
可探测垂直角度（>30°范围）						
角度分辨率						
目标分类						
目标速度测量						
车道线检测						
天气适应性						
弱光操作						
光源敏感性						
防尘特性						
成本						
工作方式	主动	主动	主动	主动	被动	主动
适用场景	自适应巡航 自动紧急刹车	自适应巡航 自动紧急刹车 盲点检测		停车辅助 盲点检测	停车辅助 交通牌识别 盲点检测 车道偏离预警	夜视等

理想方案	满足要求	有待改进

注：以上内容根据车型不同，可能会有出入。如对于超声波传感器，在 Tesla Autopilot 2.0 上作用距离可达到8m。实际应用中，以厂家具体参数为准。

自动驾驶汽车传感器优缺点比较见表 1-2。

传感器是自动驾驶的关键，当前主流传感器包括毫米波雷达、车载摄像头以及超声波传感器。随着自动驾驶级别的提升，对于传感器的要求也明显提升。作为一种所见即所得的传感器，激光雷达可增强感知系统的冗余性，补充毫米波雷达、摄像头缺失的场景，这是高阶自动驾驶标配，也是我国智能汽车战略大力发展的关键基础技术之一。

表1-2 自动驾驶汽车传感器优缺点比较

传感器	检测距离	优点	缺点	备注
摄像头	长焦视场角 ±15°：200m 中焦视场角 ±30°：100m 短焦视场角 ±60°：50m	受天气和光线影响 无直接的距离信息	对环境因素敏感 算法复杂	不同厂家之间 的参数有差异， 仅列举典型值
毫米波雷达	24GHz：中短距离，30 ~ 50m 77GHz：长距离，100 ~ 150m	距离、景深信息丰富 对障碍物识别率高	检测点稀疏，信息少	
激光雷达	100m 左右	信息丰富 抗干扰能力强	成本高 目前车规级应用少	
超声波传感器	数米范围	体积小、成本低	距离有限	
环视摄像头	50m 以内	成本低、技术成熟	对光照、天气敏感	

自动驾驶汽车传感器参数比较见表 1-3。

表1-3 自动驾驶汽车传感器参数比较

项目	摄像头	毫米波雷达	激光雷达
波长	可见光：390 ~ 770nm	24GHz：约 125mm	905nm，1550nm
	红外光：760nm ~ 1mm	77GHz：约 39mm	
探测距离	0 ~ 150m	0 ~ 250m	0 ~ 300m
测量精度	测距能力弱	±5m	±0.05m
探测角度	水平：0° ~ 150°	水平：-60° ~ 60°	水平：360°（机械式）
	垂直：0° ~ 60°	垂直：-7.5° ~ 7.5°	垂直：-20° ~ 20°
夜间环境适用性	弱	强	强
全天候工作能力	弱	强	弱
分辨率	强	弱	强
数据类型	图像	位置、速度	位置、速度、形状

1.4 智能汽车传感器发展现状与趋势

1.4.1 智能汽车传感器发展现状

（1）驾驶自动化分级

驾驶自动化分级如图 1-40 所示。

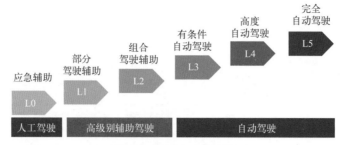

图 1-40　驾驶自动化分级

（2）ADAS 渗透率

2020 年、2025 年，美国、欧盟、中国 ADAS 渗透率（含预测值）如图 1-41 所示。

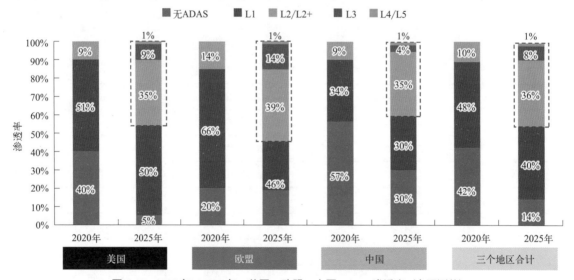

图 1-41　2020 年、2025 年，美国、欧盟、中国 ADAS 渗透率（含预测值）

（3）自动驾驶运行架构分为感知、决策与执行三层

三层运行架构分别对应：

① 在哪里？即感知和定位；

② 去哪儿？即决策和规划；

③ 怎么去？即控制和执行。

感知层用于收集及预处理周围环境的信息，决策层对收集的数据进行整合、分析与判断，执行层根据判断结果做出实时反应。

感知层是智能驾驶之眼，承担环境感知功能，这是实现智能驾驶的第一层。

感知层硬件包括摄像头、毫米波雷达、超声波传感器、激光雷达等智能传感器设备。

摄像头主要用于视觉传感，分辨率高于其他传感器，可获取足够多的环境细节，但是受天气等外部环境影响较大；毫米波雷达能够穿透雾、烟、灰尘等，受环境影响小，但由于波长原因，探测距离有限，也无法感知行人；激光雷达能对视觉传感器＋毫米波雷达的方案形成很好的补充，可形成高精度 3D 环境地图，只是当前成本较高。

三层运行架构与汽车传感器的关系如图 1-42 所示。

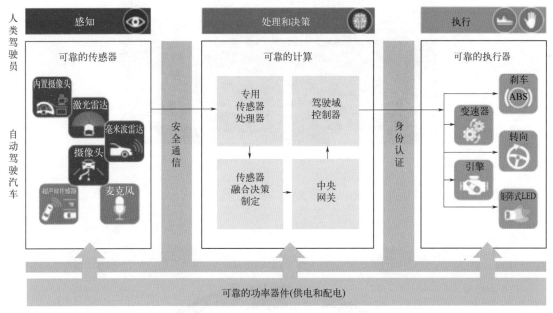

图 1-42 三层运行架构与汽车传感器的关系

（4）传感器在汽车 ADAS 中的应用现状

高级驾驶辅助系统（ADAS）利用安装于车上的各式各样的传感器，在第一时间收集车内外的环境数据，进行静、动态物体的辨识、侦测与追踪等技术上的处理，从而能够让驾驶者在最短的时间察觉可能发生的危险，以引起注意和提高安全性。ADAS 采用的传感器主要有摄像头、毫米波雷达、激光雷达和超声波传感器等，可以探测光、热、压力或其他用于监测汽车状态的变量，通常位于车辆的前后保险杠、侧视镜、驾驶杆内部或者挡风玻璃上。早期的 ADAS 技术主要以被动式报警为主，当车辆检测到潜在危险时，会发出警报提醒驾车者注意异常的车辆或道路情况。对于最新的 ADAS 技术来说，主动式干预也很常见。

图 1-43 所示为 ADAS 中央控制单元。

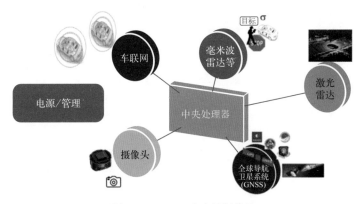

图 1-43 ADAS 中央控制单元

图 1-44 所示为 ADAS 的各种传感器。

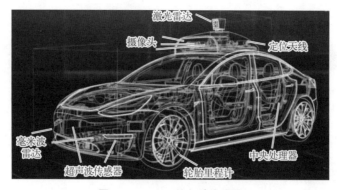

图 1-44 ADAS 的各种传感器

由图 1-45 可见传感器在车辆自动化的 5 个层次中发挥的作用。

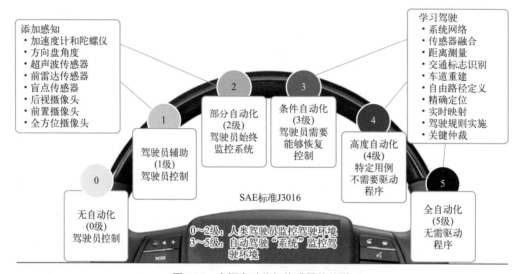

图 1-45 车辆自动化与传感器的关联

没有一种传感器能在所有条件下都很好地工作，因此传感器融合对于为自主功能提供冗余是必要的。图 1-46 所示为未来最有可能使用的融合解决方案。

● 好　○ 中　● 差

	摄像头	毫米波雷达	激光雷达	超声波传感器	激光雷达+毫米波雷达+摄像头
目标检测	○	●	○	●	●
目标分类	●	●	●	●	●
距离估计	○	●	●	●	●
目标边缘精度	●	●	●	●	●
车道跟踪	●	●	●	●	●
视觉范围	●	●	●	●	●
恶劣天气功能	●	●	○	●	●
弱光环境功能	○	●	●	●	●

图 1-46 未来最有可能使用的融合解决方案

（5）自动驾驶的传感器方案

自动驾驶的实现路径按传感器方案分两大阵营：特斯拉的纯视觉方案、多传感器融合方案。

纯视觉方案感知系统以摄像头为主。以特斯拉 Autopilot HW3.0 为例，传感器配置为 8 颗摄像头 +12 颗超声波传感器 +1 颗毫米波雷达，见表 1-4。

表1-4 特斯拉Autopilot（AP）系统传感器配置

	AP HW1.0	AP HW2.0	AP HW2.5	AP HW3.0
发布时间	2014 年	2016 年	2017 年	2019 年
前视摄像头数量	1	3	3	3
侧前视摄像头数量	0	2	2	2
侧后视摄像头数量	0	2	2	2
后视摄像头数量	1	1	1	1
舱内摄像头数量	0	0	0	Model 3 配置
毫米波雷达数量	1	1	1	1
超声波传感器数量	12	12	12	12

纯视觉方案在高级别自动驾驶上准确率会降低，无法满足复杂情况下的环境监测，存在安全保障缺陷；多传感器融合的方案以技术冗余来保证安全性，这是目前实现 L4/L5 级别自动驾驶的主流路径。

（6）案例：特斯拉 Model 3 车型传感器配置

特斯拉 Model 3 车型传感器配置如表 1-5 所示。

表1-5 特斯拉Model 3车型传感器配置

传感器类型	具体配置	最远监测距离
前视 3 目摄像头	主视	150m
	广角	60m
	长焦	250m
侧前视摄像头	2 颗	80m
侧后视摄像头	2 颗	100m
后视摄像头	1 颗	50m
毫米波雷达	1 颗：前向	160m
超声波传感器	12 颗	8m

1.4.2 智能汽车传感器发展趋势

（1）多传感器融合

多传感器融合在造车新势力品牌新推出的车型中蔚然成风，单车感知部件的平均搭载数量超过 30 颗，标配为：12 颗超声波传感器，5 颗毫米波雷达，摄像头数量至少 10 颗，激光雷达配置在 1～3 颗不等。

从趋势来看，多传感器方案向 30 万元以下价位车型渗透；摄像头数量不断增加；激光雷达在 2021 年成为新的增量。

国外案例：Mobileye 公司过去在纯视觉方案的路径上对 L2 以下等级具备较强的竞争力，但在强化 L4 级别自动驾驶的前瞻性布局上，Mobileye 则部署了视觉传感器、毫米波雷达和激光雷达感知并行冗余的方案。Mobileye 的 L4 级电动汽车传感器包含：7 颗长距离摄像头、4 颗短距泊车摄像头、6 颗短距激光雷达、3 颗长距激光雷达。

目前我国部分新能源品牌车型传感部件配置如表 1-6 所示。

表1-6　我国部分新能源品牌车型传感部件配置

品牌	车型	发布 / 上市时间	摄像头数量	激光雷达数量	毫米波雷达数量	超声波传感器数量	感知部件总数
蔚来	蔚来 ES8	2017 年 12 月	6	0	5	12	23
	蔚来 ES6	2018 年 12 月	6	0	5	12	23
	蔚来 ET5	2021 年 12 月	11	1	5	12	29
	蔚来 ET7	2021 年 1 月	11	1	5	12	29
小鹏	P7(XPILOT 3.0)	2020 年 4 月	14	0	5	12	31
	P5(XPILOT 3.5)	2021 年 9 月	14	2	5	12	33
	G9 (XPILOT 4.0)	2021 年 11 月	12	2	5	12	31
威马	W6	2020 年 12 月	7	0	5	12	24
北汽	极狐 Alpha S	2021 年 4 月	13	3	6	12	34
吉利	极氪 001	2021 年 4 月	15	0	1	12	28
上汽	智己 L7	2021 年 4 月	15	0	5	12	32
理想	理想 ONE	2021 年 5 月	4	0	5	12	21
零跑	C11	2021 年 9 月	11	0	5	12	28

（2）自动驾驶等级与传感器数量同步提升

不管是特斯拉的纯视觉方案还是多传感器融合方案，要实现自动驾驶的终极目标，必然需要增加传感设备的搭载数量。

传感器搭载数量随自动驾驶等级提升而增加。从自动驾驶等级来看，L3 是自动驾驶等级的分水岭，自此级起环境监控主体从驾驶员变成了整车系统，驾驶决策责任方也过渡到了整车系统，支持的辅助驾驶功能更多，因此对环境感知信息的需求也更大，传感器搭载数量大幅增加。

根据测算，L2 等级单车传感器需求量在 20 ～ 25 颗，其中摄像头 3 ～ 8 颗；L4/L5 等级单车传感器配备 29 ～ 41 颗（相比 L2 增加 9 颗以上），其中摄像头 8 ～ 12 颗，激光雷达 3 ～ 5 颗。

不同自动驾驶等级的传感器配置如表 1-7 所示。

表1-7 自动驾驶等级与传感器配置

项目	自动驾驶等级					
	L0	L1	L2	L3	L4	L5
主要ADAS功能	前方碰撞预警（FCW）交通标志识别（TSR）盲点监测（BSD）车道偏离预警（LDW）	自适应巡航控制（ACC）自动紧急刹车（AEB）车道保持辅助（LKA）	泊车辅助（PA）变道辅助（LCA）注意力监测系统（DMS）	交通拥堵领航（TJP）高速公路领航（HWP）	城市领航（CP）自动代客泊车（AVP）	随时随地自动驾驶
传感器数量	5	6 ～ 9	20 ～ 25	26 ～ 35	29 ～ 41	29 ～ 41
传感器配置	摄像头：1 颗超声波传感器：4 颗	摄像头：1 ～ 4 颗毫米波雷达：1 颗超声波传感器：4 颗	摄像头：3 ～ 8 颗毫米波雷达：5 颗超声波传感器：12 颗	摄像头：8 ～ 12 颗毫米波雷达：5 ～ 8 颗超声波传感器：12 颗激光雷达：1 ～ 3 颗	摄像头：8 ～ 12 颗毫米波雷达：6 ～ 12 颗超声波传感器：12 颗激光雷达：3 ～ 5 颗	摄像头：8 ～ 12 颗毫米波雷达：6 ～ 12 颗超声波传感器：12 颗激光雷达：3 ～ 5 颗

（3）车载摄像头或成为 ADAS 首要传感载体

随着辅助驾驶功能多元化，车载摄像头的应用从成像向感知转变，成为各 ADAS 功能的传感载体。车载摄像头主要包括前视、环视、侧视、后视以及内置摄像头。前视摄像头是最主要的车载摄像头，承担了最多的感知功能，有单目、双目、三目等不同配置；侧视摄像头同样承担感知功能；环视摄像头以 360° 全景成像为主；后视摄像头主要用于泊车辅助；而车内摄像头用于驾驶员状态监测。前视摄像头会搭配长焦、广角镜头，其他位置摄像头以广角镜头为主。

根据测算，L2 等级单车平均配置 6 颗摄像头，单车价值量约 170 美元；L4/L5 等级单车平均配备 12 颗摄像头，单车价值量约 410 美元（考虑降本因素），约是 L2 等级的 2.4 倍。

汽车摄像头配置及支持的 ADAS 功能如表 1-8 所示。相关价值量如表 1-9 所示。

表1-8 车载摄像头配置及支持的ADAS功能

摄像头类型		安装位置	实现的主要功能	2019—2020年中国市场渗透率
前视	主视野+广角+长焦	前挡风玻璃上	FCW、LDW、TSR、PCW、ACC、LKA	30%
侧视	广角	后视镜下方	盲点监测（BSD）	22%
环视	广角	在车四周安装四个摄像头进行图像拼接以实现全景	全景泊车、LDW	—
后视	广角	车尾	后视泊车辅助（PA）	50%
内置	广角	车内后视镜	司机状态监测，疲劳驾驶提醒	7%

表1-9 车载摄像头单车价值量

自动驾驶等级	摄像头配置	价值量/美元	单车价值量/美元
L1	1颗后视摄像头	20	20
L2	2颗前视摄像头	90	170
	4颗环视摄像头	80	
L3	3颗前视摄像头	250	480
	4颗环视摄像头	80	
	3颗其他摄像头	150	
L4/L5	3颗前视摄像头	200	410
	4颗环视摄像头	60	
	5颗其他摄像头	150	

车载摄像头发展的三大趋势如下：

① 单车搭载量增加：从辅助驾驶走向自动驾驶，摄像头的单车搭载数量增加。国内自主品牌单车摄像头数量大都在10颗以上，如：小鹏P7/P5，14颗；蔚来ET7，11颗；极狐阿尔法S，13颗。

② 摄像头高清化：随着自动驾驶等级提升，对摄像头分辨率的要求也越来越高，用以实现对更远距离的监测。500万、800万像素高清摄像头已经应用。

③ 架构集中化，驱动硬件简化，成本下降，提升渗透率：在汽车电子电气架构集中化发展趋势下，ECU由分布式变成集中式，摄像头成为采集信息的硬件设备，计算功能剥离至域控单元/中央处理器集中计算；摄像头硬件结构简化，成本下降，有助于渗透率提升。

（4）CIS将成为车载摄像头成本重心

车载摄像头主要的硬件结构包括光学镜头（镜片、滤光片、保护膜）、CIS（CMOS图像传感器）、图像信号处理器（ISP）、串行器等。

从成本构成来看，CIS 价值量最高，占成本的 50%；模组封装占 25%；光学镜头占 14%。车载摄像头产业链如图 1-47 所示。

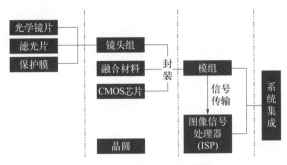

图 1-47　车载摄像头产业链

（5）国内厂商将在重要环节占据主导地位

① 国内企业在镜头、CIS 重要产业链环节已诞生全球主导者。在镜头、CIS 重要环节，国内厂商已占据全球主导地位，收获全球市场车载镜头快速成长的红利。在摄像头模组领域，以传统的海外 Tier1（即一级供应商）厂商为主导，但国内模组厂商正在加速崛起。

② 视觉方案本土化加速国产供应商崛起。中国驾驶场景具有特殊性，本土化视觉方案成为必然选择，在这一趋势下，国内车企纷纷转向自研自动驾驶系统，并且也参与到对感知方案和车载镜头的选型。本土供应链基于快速响应优势，从芯片、算法到摄像头，渗透率正在快速提升。

（6）激光雷达作为 ADAS 进阶的车载传感设备，将加速实现自动驾驶

① 激光雷达上车，加速实现自动驾驶。2021 年是激光雷达"上车"元年，在 RoboTaxi 领域，激光雷达是必备感知部件，百度、AutoX、文远知行、小马智行等自动驾驶技术公司，滴滴、T3 出行等出行公司，以及上汽、广汽等汽车制造商均"入局"；在乘用车领域，蔚来、小鹏、理想、智己、威马、埃安等汽车企业均已发布搭载激光雷达的新车型。以纯视觉方案实现自动驾驶十分依赖算法，而算法需要海量的数据进行训练，难度大、周期长；激光雷达 + 摄像头 / 毫米波雷达等方案通过技术冗余来保证安全性，加快实现自动驾驶。

② 从乘用车搭载激光雷达的现状来看，配置数量以 3 颗居多，半固态是主流的技术方案，速腾聚创和华为占据市场的半壁江山，且激光雷达已从 30 万元以上价位车型渗透至 20 万元价位。

部分车型配置激光雷达的情况梳理如表 1-10 所示。

表1-10　部分车型配置激光雷达的情况梳理

品牌	车型	发布 / 上市时间	搭载数量	具体配置
蔚来	ET7	2021 年 1 月	1	等效 300 线
北汽	极狐 Alpha S	2021 年 4 月	3	96 线；转镜式

续表

品牌	车型	发布/上市时间	搭载数量	具体配置
上汽	智己 L7	2021 年 4 月	2（可升级至 3 颗）	MEMS 振镜
长城	摩卡	2021 年 5 月	3	固态激光雷达
小鹏	P5（XPILOT 3.5）	2021 年 9 月	2	旋转棱镜式半固态
威马	M7	2021 年 10 月	3	MEMS 振镜
小鹏	G9（XPILOT 4.0）	2021 年 11 月	2	MEMS 振镜
长城	沙龙机甲龙	2021 年 11 月	4	96 线；转镜式
长安	阿维塔 11	2021 年 11 月	3	96 线：转镜式
哪吒	哪吒 S	2021 年 11 月	3	96 线；转镜式
蔚来	ET5	2021 年 12 月	1	等效 300 线
广汽	Aion LX Plus	2022 年 1 月	3	MEMS 振镜

第 2 章

车载摄像头

本章主要介绍车载摄像头的基本原理、产业应用、相关技术以及发展趋势。

2.1 车载摄像头概述

车载摄像头被誉为自动驾驶之眼，主要通过镜头和图像传感器实现图像信息的采集功能。近年来，摄像头已成为汽车视觉方案中最常见的智能化承载工具之一。2016 年，特斯拉推出 Autopilot Hardware 2.0，在该套方案中配置了 8 颗摄像头，成为其汽车智能化方案中的重要硬件支持，并对行业形成了一定的示范效应。展望未来，汽车智能化浪潮将进一步推升车载摄像头的用量，而集中化架构将带动产品价格下降，有利于实现更快速的推广。预计至 2025 年，国内车载摄像头市场规模将达到 227 亿元，2020—2025 年的 CAGR（复合年均增长率）为 30%。

造车新势力入局，带动单车搭载摄像头数量超预期。ADAS 作为汽车智能化的重要载体，其渗透率正加速提升，预计国内市场 2025 年 ADAS 渗透率将达到 93%。而车载摄像头是 ADAS 应用方案中最普遍使用的传感器之一，相比其他传感器方案，具备高性价比的优势。根据新趋势研判，国内乘用车的单车摄像头数量将从 2020 年的 0.9 颗提升至 2025 年的 6.0 颗，而高端智能车型搭载的摄像头数量可达 8 ～ 12 颗。车载摄像头用量有望受益于以下两点因素而超出市场预期：

① 造车新势力打乱了传统车企的节奏，倒逼传统车厂在新车设计上进行智能化革新，从而使 ADAS 渗透率的增长超预期；

② 科技巨头入场造车，预计首款车型将是主打科技感的高端车型。参考具有相似产品路线的特斯拉，其 Model 3 车型配备了 8 颗摄像头。预计科技企业将把摄像头配置作为卖点之一，在高端车的摄像头配置上不会少于 6 颗，从而带动市场需求量超预期。

控制集中化架构驱动硬件简化，摄像头被重新定义为只采集、不计算。传统摄像头方案需实现图像采集、视觉处理两大功能，而在整车 E/E 架构下，ECU 由分布式演变为集中式，算力向中央集成的同时，包括摄像头在内的传感器硬件得以简化，摄像头将只负责采集图像。以特斯拉的三目前视摄像头方案为例，剥离计算功能的摄像头成本有望降低约 60%。预计没有历史包袱的造车新势力有望大量采用控制集中化的新架构，摄像头单价将随之下降，使之成为整车厂智能化方案中高性价比的选择之一，普及速度有望超出市场预期。

CIS、镜头成为最核心部件，业内关注产业链国产化机遇。控制集中化的架构演进趋势将使得摄像头的硬件构成变得更加简单（剥离计算元件），从而使产业链价值分布迎来重构。经过测算，无算法的摄像头方案中，图像传感器约占 52% 的成本（占比相比传统方案提升 30%）、镜头组约占 28%（占比提升 15%）、模组封装约占 20%。

2.2 产业应用：特斯拉 FSD 全视觉智能驾驶

2.2.1 什么是 FSD？

FSD 全称是 full self-drive，即完全自动驾驶，最终目标是使车辆可以在没有人类干预的情况下，自己识别路况、规划路线、控制速度和方向，完成从起点 A 到终点 B 的行动。可以把 FSD 系统理解为负责感知与控制的超强大脑，不仅用在车上，也可以用在机器人上。特斯拉 FSD V12（Supervised）是全新的端到端自动驾驶系统，模型架构发生了重大变化。FSD V12（Supervised）需要人工干预的频率，只有 FSD V11 的百分之一。FSD V12（Supervised）完全采用神经网络进行车辆控制，从机器视觉到驱动决策，都将由神经网络进行控制。该神经网络由数百万个视频片段训练形成，取代了超过 30 万行的 C++ 代码。

FSD V12（Supervised）减少了车机系统对代码的依赖，使其更加接近人类司机的决策过程。可将 FSD V12 描述为端到端人工智能，采用光子进入、控制输出（photon in, controls out）方法，强调其在真实世界场景中做出复杂决策的能力。该系统被称为 Baby AGI（婴儿版通用人工智能），旨在感知和理解现实世界的复杂性。特斯拉 FSD V12 使用了来自全球各地的数百万辆特斯拉汽车视频作为训练材料，以便模仿人类司机的驾驶决策。

2.2.2 FSD 发展历史

2021 年 12 月，特斯拉推出了全自动驾驶 FSD 软件的 10.6.1 Beta 版本，提高了对物体检测的精度和速度，解决了此前存在的部分问题。

2022 年 8 月，特斯拉 FSD Beta 10.69 版推出。

2023 年 8 月，一位特斯拉（中国）分析师称：特斯拉完全自动驾驶功能 FSD 测试版已推送至中国市场，初期将会以影子模式开始收集数据，完成相关可行性验证后，将逐步激活，进行小范围试用。

2023 年 9 月，特斯拉在硅谷帕洛阿尔托（Palo Alto）的街道上，直播测试特斯拉全自动驾驶测试版 V12（FSD Beta V12）。

2023 年 11 月，特斯拉（中国）回应 FSD 在国内落地，确实正在推进中。

2024 年 3 月，特斯拉向美国部分用户推送 FSD V12（Supervised）版本。

特斯拉 FSD 自动驾驶演示示例如图 2-1 所示。

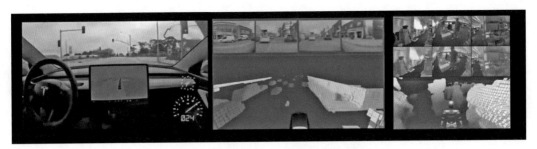

图 2-1 特斯拉 FSD 自动驾驶演示示例

2.2.3 FSD 为什么要采用端到端技术?

传统的智能驾驶将感知、预测、规划、控制四个任务，细分为探测跟踪、静态环境建图、高精定位、动态物轨迹预测、自车轨迹规划、运动控制等模块。端到端架构将所有模块串在一起统一训练，更利于追求全局最优解，但数据的针对性更弱、模型训练的信号更弱，意味着提升性能所需的数据量和算力规模更大。端到端的优势是在数据量达到一定程度后性能显著提高，但是缺点是当数据量较小时，性能上升缓慢，远低于解耦的基于专家模型的传统策略。

（1）从场景与决策角度解释

基于人工代码的规划与控制模块，无法考虑到驾驶场景中所有的转角案例，且难以做到车辆动作的拟人决策和驾驶。城市中的复杂场景和层出不穷的新场景，对其应对能力是一个很大的考验，需要工程师不停地去优化、迭代算法。尤其是遇到未学习过的场景时，系统会表现得不够智能或无法应对，从而出现不好的处理策略。在预测方面，环境交通参与主体的行为具有很高的随机性和无逻辑性，在概率估计和配置中难以用现有的算法模型实现准确的预测，所以需要极为灵活的实时应对策略，这对于专家模型来说使得代码量在理论上是极大的。比如典型的 "cut in"，即加塞场景，传统智能驾驶系统需要对车道预插入车辆的横摆角进行实时检测，结合其位置和速度来预测其加塞行为，指标单一，而且是纯表象直推策略。端到端是通过对场景的理解进行判断，通过多维度的元素，比如环境车辆动态、车道线、交通灯、转向灯等，甚至是人类没有意识到的要素进行综合分析，判断意图，所以其理解能力的 "天花板" 更高。长城汽车测试城市 NOA（自动辅助导航驾驶）"加塞"场景，如图 2-2 所示。

图 2-2 长城汽车测试城市 NOA "加塞" 场景

（2）从规划与控制角度解释

传统智能驾驶系统通过横向策略和纵向策略进行车辆的行为控制，这基于确定的规则和精确的控制参数，导致车辆动作机械化。而要做到模拟人驾驶，需要开展大量工作，以及定义控车曲线和匹配场景。端到端的本质是学习，所以其可以模仿人类驾驶汽车的行为，直接输出转向盘转角、转向盘转速、油门踏板开度、制动踏板开度等，从而实现接近人类驾驶的效果，进行任务的过程控制。小鹏汽车曾在 2022 年 10 月透露，其城市 NGP（导航辅助驾驶）在预测、规划、控制模块的代码量是高速路 NGP 代码量的 88 倍。与之对比，城市 NGP 总体代码量是高速路NGP 的 6 倍，而感知模块的神经网络模型数量是高速路 NGP 的 4 倍。所以端到端有其显著的优势，也就是在架构和代码方面的一劳永逸。FSD 端到端模拟人的自动驾驶示例如图 2-3 所示。

图 2-3　FSD 端到端模拟人的自动驾驶示例

（3）从搭建与部署成本角度解释

与传统的模块化自动驾驶系统相比，端到端自动驾驶系统设计难度低，硬件成本较小，并且通过多样性的数据，能够获得在不同场景下的泛用性。所以从算法架构设计的角度看，其经过高度的整合和一体化，省去了多个模块的独立架构设计和算法开发，降低代码量和运行所调度的模块数量。另一方面，由于模型直接从原始数据中训练，而不需要依赖人工设计的特征或规则，所以省去了枯燥的标注工作。还有最重要的一点，就是省去了后期无穷尽的规则补充和场景补充，从而减少了人工维护和升级的成本。从功耗成本来说，当前的特斯拉 FSD 功率约为100W，相信未来可以做到 50W 以下。总体来说，端到端系统的结构更简单直接、性能上限高、应对长尾问题的能力更强。

2.2.4　FSD 核心架构

（1）工作原理

FSD 为一套全链路自动驾驶软硬件架构，其实现依托基于 BEV+Transformer 的软件算法和基于 Dojo 的高效数据同步。BEV+Transformer 为 FSD 提供了不依赖高精地图的感知和定位能力；Dojo 则支持算法快速迭代，响应用户反馈，实现高效数据同步。在数据、算法、算力等各个层面构建了一套包含感知、规划与控制、执行在内的全链路自动驾驶软硬件架构。FSD 全链路自动驾驶软硬件架构如图 2-4 所示。

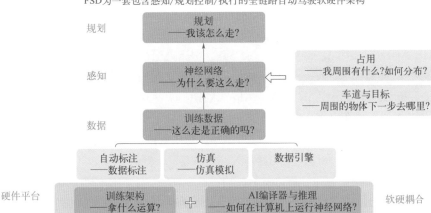

图 2-4 FSD 全链路自动驾驶软硬件架构

① 规划（planning）：本质是解决多物体关联路径规划问题，处理自我和所有对象的行进轨迹，指导汽车完成相应的执行动作。

② 神经网络（neural networks）：通过分析视频流等信息，输出完整的运动学状态（位置 / 速度 / 加速度 / 颠簸）以控制车辆。

③ 训练数据（training data）：基于 4D 自动标注技术、升级模拟仿真及云端计算资源，形成数据同步。

④ 训练基础设施 （training infrastructure）：包括 CPU、GPU、神经网络加速器单元（neural network accelerator）、AI 编译器等（支持神经网络所需的新操作，映射到最佳的底层硬件资源上）。

⑤ AI 编译与推理（AI compiler & inference）：解决如何在计算机上运行神经网络的问题。将单个神经网络的执行分配到两个独立的芯片系统上，相当于两台计算机在同一台自动驾驶系统内互联，并行工作。

从整体系统工作角度，通过视觉感知网络构建三维向量空间，对于确定和唯一解的问题，直接生成规划控制方案。对于复杂场景问题，使用向量空间和感知网络生成的中间层特征，训练神经网络，获取轨迹；同时，融入代价函数、人工干预数据、仿真数据，获取最优策略；然后生成加速、转向、制动控车指令，如图 2-5 所示。

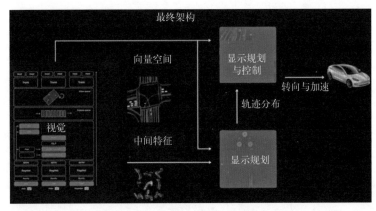

图 2-5 FSD 感知 - 规划 - 控制架构

（2）AI 任务管理系统：BabyAGI

BabyAGI 是一个基于 AI（人工智能）的任务管理系统，它能够自动生成、确定优先级并执行任务。BabyAGI 的架构设计非常精简，主要包括以下几个核心模块：

① 任务生成智能体（task creation agent）：这个模块负责根据预定义的目标和前一个任务的结果来创建新任务。它通过调用 OpenAI 的 API（应用程序接口），并利用其自然语言处理（NLP）能力来生成一组新任务的字符串。

② 执行智能体（execution agent）：这个模块负责执行由任务生成智能体创建的任务。它会按照任务列表中的指令进行操作，完成具体的任务内容。

③ 优先级排序智能体（prioritization agent）：这个模块用于对任务进行优先级排序，确保任务按照重要性或紧迫性的顺序被执行。这有助于系统更高效地处理任务，优化资源的使用。

此外，BabyAGI 还可能包括其他辅助性的模块，如用于存储和检索任务结果的模块，以便系统能够获得上下文信息并据此作出决策。总的来说，BabyAGI 通过这些模块的协同工作，实现了一个自动化的任务管理流程，从而在一定程度上模拟了人工智能系统的自主学习和决策能力。FSD 的 BabyAGI 架构如图 2-6 所示。

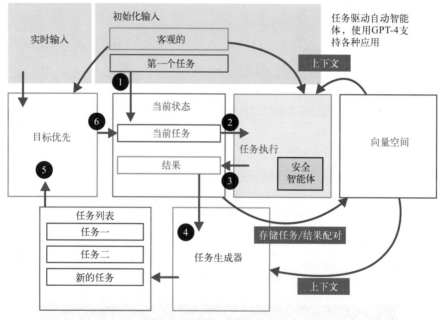

图 2-6　FSD 的 BabyAGI 架构

算法全流程如下：

① 图像输入：8 个摄像头（有畸变）标定校正后，直接输入给算法。

② 图像特征：图像输入至骨干网（由 RegNets 和 BiFPNs 组成），提取特征。

③ 空间注意力：利用特征的空间关系，生成空间注意力图（类似 Transformer），构建空间特征。

④ 时间对齐：基于里程计信息，对前序占用特征（occupancy features）时序拼接，构建时空特征，计算速度、加速度等信息。

⑤ 反卷积（deconvolutions）：占用网络对于算力消耗大，会导致内存不够用。解决策略是

通过使用反卷积来提高占用特征的分辨率。反卷积是一种特殊的神经网络层，它能够对输入的特征图进行上采样，即增加其尺寸，这样做的目的是恢复在卷积过程中丢失的空间信息。

⑥ 表面输出：其占用网络预测输出的高分辨率 3D 空间位置的占用情况、语义信息以及流动信息。输出物体表面的几何特征，输出物体表面语义信息，用于其他任务，如交通标志识别。占用网络的输出包括以下几个方面：

占用：每个 3D 空间位置情况（是否被物体占据），用于避免障碍物和安全行驶。

语义：识别和分类环境中的物体，如行人、其他车辆、交通标志等。

流：物体的运动信息，如移动速度和方向。

⑦ 空间输出：输出空间占用信息、空间占用流信息（速度、加速度）、亚体素（sub-voxel）信息、3D 语义信息。使用时间一致性技术，将不同时序的特征对齐后进行融合，以确保信息的连续性和准确性。

稀疏化实现了计算的高效分配，如图 2-7 所示。

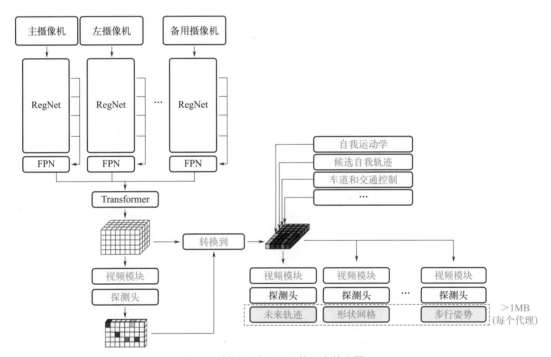

图 2-7 稀疏化实现了计算的高效分配

2.2.5 端到端的核心算法

(1) 大模型基础：Transformer

大模型为自动驾驶智能性的进一步突破提供了潜在解决方案。大模型又称基础模型（foundation model），一般是指参数量过亿、使用海量数据训练的大型神经网络模型。与现有的小模型相比，大模型具有如下两方面特点。

① 智能涌现（emergence）能力：随着参数量的增加，模型性能首先呈现缓慢增长，当规模达到一定程度时急剧提升。

② 对标签数据的依赖程度低：大模型利用自监督学习进行预训练，通过设计预测任务，训练数据的内在结构和模式。这种方法不需要人工标注的标签，而是利用数据本身的特性生成训练信号。

大模型的基础是 Transformer 架构。Transformer 是一种先进的深度学习模型架构，特别擅长序列到序列的任务。通过其独特的自注意力机制和创新的架构设计，显著提高了处理序列数据的效率和效果。模型由编码器和解码器两部分组成，每部分都包含多个相同的层，这些层又由自注意力机制、点状前馈网络和归一化层组成。Transformer 被广泛应用于自然语言处理（NLP）、计算机视觉（CV）、强化学习（RL）等领域的大模型中，其核心特点包括：

① 自注意力机制（self-attention）：这是 Transformer 的标志性特征，它允许模型在处理序列数据时，能够关注到序列内部的不同部分，并赋予不同的重要性权重。

② 多头注意力（multi-head attention）：通过使用多头注意力，模型能够同时关注序列的不同方面，从而捕捉更复杂的模式和关系。

③ 位置编码（positional encoding）：由于 Transformer 放弃了传统的循环或卷积结构，它需要一种方法来保留序列中的位置信息。位置编码是对序列中的每个位置添加特定的编码，以便模型能够区分不同位置的信息。

④ 前馈神经网络（feed-forward neural network）：在每个位置上，Transformer 使用一个前馈神经网络，以便处理从自注意力子层输出的数据。

⑤ 残差连接（residual connections）：这些连接确保模型可以学习恒等函数，有助于解决深层网络训练时的退化问题。

⑥ 归一化层（normalization layers）：这些层有助于稳定模型的训练过程，并加速收敛。

Transformer 结构图如图 2-8 所示，左侧为编码器模块，右侧为解码器模块。

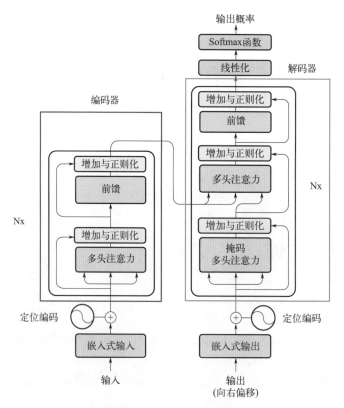

图 2-8　Transformer 结构图

从图 2-8 中可知，编码器模块包含一个多头注意力，而解码器模块包含两个多头注意力，其中一个用于掩码。多头注意力上方是一个增加与正则化层，增加指残差连接，旨在防止网络退化（梯度消失和梯度爆炸），正则化用于每一层的激活值归一化。

自注意力在计算的时候需要用到 Q、K、V，其中 Q（query，即查询）是要查询的信息，K（key，即键值）是被查询的向量，而 V（value，即值）是查询得到的值。举例说明：假设在看一篇关于电影的文章时，想知道导演这个词在文章中提到了哪些具体的信息。在这个场景中，导演这个词的表示就是 Q，文章中提到的与导演相关的词（如拍摄风格等）的表示就是 K，而与这些词相关联的具体信息（如导演的名字、拍摄手法的描述等）就是值。通过注意力机制，模型可以聚焦于与导演最相关的信息，从而更好地理解文章的内容。

在 Transformer 模型中，通过特定的权重矩阵（W_Q、W_K 和 W_V）与输入序列相乘，得到 Q、K 和 V 向量。注意力机制考虑随意线索，随意线索即查询（query）。其中，注意力分数是 query 和 key 的相似度，注意力权重是分数的 Softmax 函数结果，即：Q 和 K 之间进行点积运算，然后通过缩放因子进行缩放，得到的是各个元素之间的相似度得分；将上述相似度得分输入到 Softmax 函数中，获得概率分布。这使得所有得分经过归一化处理后，高得分的元素对应的概率会更大，意味着它们在后续的加权求和中占有更重要的地位。通过计算查询（Q）与所有键（K）之间的相似度或匹配程度，确定每个元素应该关注输入序列中的哪些其他元素。每个词的注意力计算如图 2-9 所示。Transformer 整体架构如图 2-10 所示。

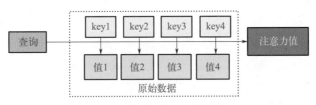

图 2-9　每个词的注意力计算

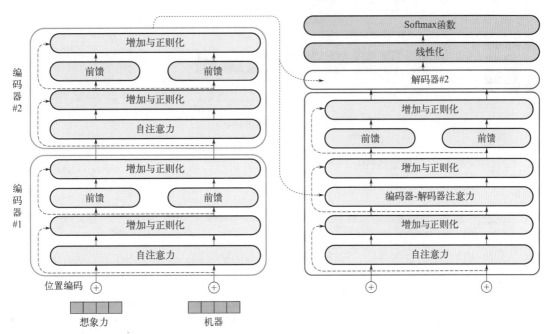

图 2-10　Transformer 整体架构

其优势在于：

① Transformer 提供了自注意力（self-attention）机制，这使得模型能够捕捉序列内的长距离依赖关系。这一特点对于大模型来说至关重要，因为随着模型规模的增加，需要处理的信息和复杂性也随之增加。自注意力机制允许模型在处理长序列时更加高效和准确。驾驶场景本身就是高度连续的，对于场景的理解也需要连续的行为链进行分析。

② Transformer 的多头注意力（multi-head attention）设计，使得模型能够同时关注序列的不同方面，从而捕捉更丰富的信息。这对于大模型来说非常有用，因为它们需要处理更多的数据和更复杂的模式，其对于驾驶场景能捕捉到更多的信息。

③ Transformer 的层次化结构和残差连接，也有助于大模型的训练和优化。这些设计使得模型在增加深度的同时，仍然能够保持良好的性能和稳定性。

④ Transformer 的并行化能力，使得训练大模型成为可能。由于其计算图不依赖于先前的计算，因此可以高效地利用 GPU 等硬件资源进行并行计算，大大降低单车算力。

视觉 Transformer（VIT）整体架构分析如图 2-11 所示。

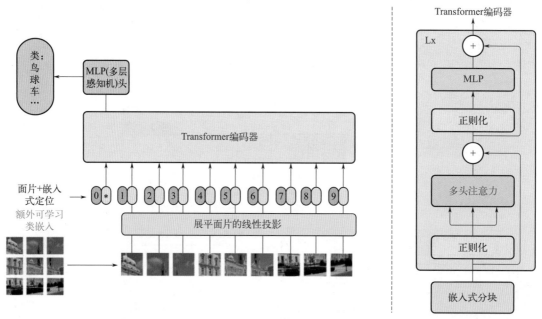

图 2-11 VIT 整体架构分析

（2）视觉感知网络基础结构：HydraNets（九头蛇网络）

HydraNets，或称九头蛇网络，这是特斯拉开发的一种深度学习网络架构。这个网络的特点在于它能够将多个任务（例如车道线检测、行人检测与追踪、交通信号灯检测等）集成到一个网络中，这些任务对于自动驾驶汽车来说至关重要。HydraNets 的核心在于其共享的主干网络，该主干网络通过分支形成多个头，可以同时输出多个预测张量，每个头负责不同的任务或对象类别。

此外，这种架构的优势在于其能够有效地利用可用的计算资源，并且通过端到端的训练和推理，提高了处理不同视觉信息的效率。HydraNets 能够将来自多个摄像头的视觉内容转换为向量空间和道路特征，这对于构建车辆周围的综合视图至关重要。

视觉感知网络基本架构如图 2-12 所示。

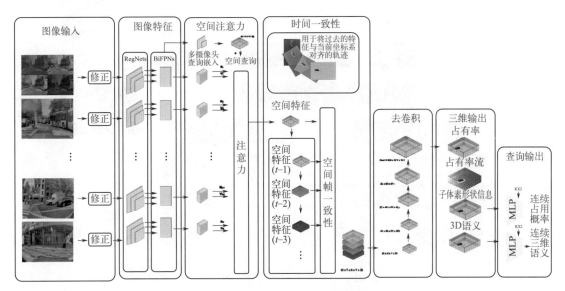

图 2-12　视觉感知网络基本架构

系统工作方面：特斯拉视觉感知网络的输入来自其原始光子计数（raw photon counts）提供的视频数据——8 个摄像头。从光子到摄像头 CMOS 传感器，再到 ISP 做图像处理，这个链路太长了，ISP 对图像的处理可能会丢失信息。特斯拉直接采用光子到控制（photon to control），把真实世界原始数据直接放到这个神经网络当中，不经过 ISP，这样端到端延迟可明显改善。这个过程如下：

① 8 个摄像头的单帧数据经过图像提取器进行特征提取。

② 进行多个摄像头的融合，通过类似 Transformer 方式构建整车。

③ 时间融合：给每个图赋予时间信息。

④ 将结果分配到不同的头部中，每个头部负责特定功能，后面连接对应的单独网络。

特斯拉 FSD 的 HydraNets 流程如图 2-13 所示。

总的来说，HydraNets 代表了特斯拉在自动驾驶技术方面的创新之一，它通过整合多个视觉识别任务到单一的网络中，提高了处理效率和识别能力。这种网络架构的设计，使得特斯拉的自动驾驶系统能够更好地理解和响应复杂的道路环境，为全自动驾驶技术的发展奠定了基础。

HydraNets 的核心理念在于其高度模块化的设计，允许在自动驾驶相关的视觉感知系统中实现多任务学习。以下是一些关键特点：

① 模块化结构：该网络由一个主干（backbone）、颈部（neck）以及多个分支的头部（head）组成。这种结构使得网络能够同时处理来自同一输入数据的不同任务。

② 特征解耦与共享：主干网络负责提取通用特征，这些特征随后被共享给各个头部使用。这种方式可以减少重复计算，提高运算效率。

③ 多尺度特征融合：利用多尺度特征融合结构（如 BiFPN），HydraNets 能够在不同尺度上捕捉和整合信息，增强模型对细节和上下文的理解能力。

④ 端到端训练：整个网络可以通过端到端的方式进行训练，这意味着从原始数据输入到最终的感知输出，整个过程可以一次性优化，从而提升性能。

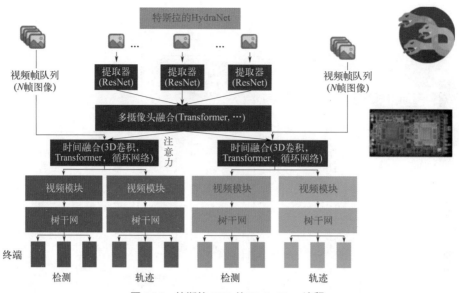

图 2-13　特斯拉 **FSD** 的 **HydraNets** 流程

⑤ 适用性广泛：由于其灵活的结构设计，HydraNets 可以应用于各种视觉感知任务，包括但不限于物体检测、语义分割和轨迹预测等。

（3）基于向量空间的 FSD 路径规划

基于向量空间的 FSD 路径规划，是一种先进的路径规划方法，它能够快速产生最优解。特斯拉采用递增的方式，不断加入新的约束，用较少约束下最优方案作为初值，继续求解更加复杂的优化问题，最终得到最优解。每个候选路径有 1 ～ 5ms 的计算时间，数据驱动决策树生成模型，使用特斯拉车队中人类驾驶员驾驶数据。为了进一步提高效率，使用了另一套数据驱动的轻量生成网络，帮助快速生成规划路径，即宽松时间约束的离线条件下规划的全局最优路径。两者对比训练，能够在 100μs 内生成一个候选规划路径。采取混合规划系统，将传统方法与数据驱动结合，通过四个维度进行候选路径评估，完成剪枝。

特斯拉 FSD 的交互式搜索如图 2-14 所示。

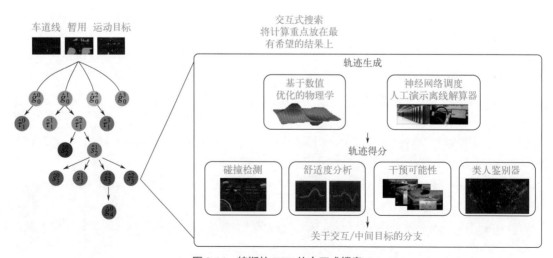

图 2-14　特斯拉 **FSD** 的交互式搜索

如图 2-14 所示，该技术的实现步骤如下：

① 视觉测量：从一组视觉测量数据开始，其中包括车道、占用率、移动物体等信息，这些信息表现为稀疏的抽象和潜在特征。

② 感知向量空间：通过视觉测量感知得到向量空间，这是规划过程的基础。

③ 规划潜在目标状态：利用向量空间规划出后续的潜在目标状态，如目标车道线、目标路口、超车等。

④ 细分互动考虑：进一步考虑细分互动，得到决策规划的路径。这涉及对车辆与环境中其他参与者之间的相互作用进行细致的分析。

⑤ 处理未知和不确定性：对于未知或不确定的情况，通过占用网络，对可视区域进行建模，以处理不可见场景。这要求系统能够根据假设的参与者，做出相应的保护性驾驶决策。

⑥ 生成决策树：决策树的初始输入来自前面的车道线、障碍物以及通过占用网络感知得到的向量空间。这些信息被用来规划出后续的潜在目标状态，并将这些目标状态进一步拆分成规划动作（轨迹）集合。

⑦ 控制反应与可能性函数协调：为了得到类似人类行为的决策结果，需要将控制反应与存在的可能性函数相协调。

基于向量空间的 FSD 路径规划是一个复杂的过程，涉及多个步骤和技术。其优点在于能够快速产生最优解，同时考虑到环境的动态变化和潜在的不确定性，使得路径规划更加安全和高效。这种规划方法在自动驾驶领域具有广泛的应用前景，有助于提高自动驾驶车辆在复杂交通环境中的行驶安全性和效率。

（4）超算系统：Dojo

① Dojo 是特斯拉公司开发的一套高性能计算系统，用于处理和训练自动驾驶系统产生的海量数据。Dojo 是一种通过网络连接的分布式计算机架构，它具有高带宽、低时延等特点，将会使人工智能拥有更强的学习能力，从而使自动驾驶系统更加强大。

② 海量数据处理：为了处理和训练自动驾驶系统产生的大量数据，FSD Beta（全自动驾驶）已累计行驶数亿公里，产生了数百 TB 的数据量，Dojo 系统承担处理海量数据这一重任。

③ 自研芯片：这个系统采用了特斯拉自研的芯片，这些芯片为基于视觉的自动驾驶提供了坚实的基础，并推动了人工智能的快速发展。

④ AI 神经网络技术：通过使用多任务学习的 HydraNets 神经网络架构，Dojo 能够有效地整合和分析来自车辆各个方向的摄像头所获取的信息，提升自动驾驶的性能。

⑤ 仿真场景技术：特斯拉还开发了可以模拟现实中不常见场景的技术，用于训练其自动驾驶系统，提高系统对各种驾驶情境的适应能力和响应效率。

⑥ 系统架构：Dojo 系统的最小组成单位是训练节点，每个节点都负责一部分计算任务，而多个节点组合在一起则构成了整个超级计算平台。

Dojo 超级计算机的内核是 D1 芯片，每个 Dojo 由 25 颗 D1 芯片组成，形成 36TB/s 的带宽和强大的算力。Dojo 还可以组合成为具有全球最强算力的超级计算机集群，实现大规模的训练和计算。

特斯拉 FSD 的 Dojo 架构如图 2-15 所示。

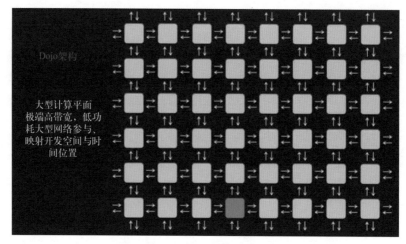

图 2-15　特斯拉 FSD 的 Dojo 架构

（5）未来的探索

FSD 在国外主要用于单车智能策略。中国对于智慧交通和智能驾驶基础设施的建设和配套（如 RSU/RCU、云平台）是国际领先的，未来可重点探索的领域有：车云协同的自动驾驶大模型开发方案，利用云控平台的充足算力，生成海量仿真驾驶数据；融合虚实数据进行场景构建，利用自监督学习、强化学习、对抗学习等方法对自动驾驶大模型进行在线迭代优化；所学大模型经剪枝压缩后得到车规级实时模型，并通过 OTA（空中下载）方式下载到车载芯片，完成车端驾驶策略的自进化学习。另外，如果将 FSD 的超强单车"大脑"融合 V2X 超视距感知信息，则有望产生更加强悍的规划和决策能力，同时对于整体的通行效率、能源管理、安全性实现另一个维度的提升。

自动驾驶云平台与数据处理如图 2-16 所示。

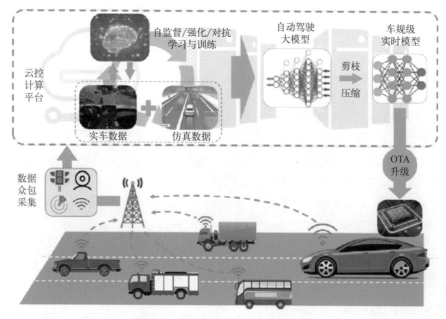

图 2-16　自动驾驶云平台与数据处理

2.3 车载摄像头 ISP 技术

2.3.1 什么是 ISP？

ISP 是图像信号处理器，也就是 image signal processor 的简称，主要用来处理图像传感器（image sensor）的输出数据。

由于镜头和传感器在不同的制造商之间差异很大，以及拍摄的光线条件多样，镜头和传感器需要根据环境进行适应，就像人眼要通过瞳孔缩放，适应环境明暗变化一样。

ISP 在有效纠正和统一这些差异方面发挥着非常重要的作用，并且可以有效地将光谱特性不同的传感器数据按照预期需求统一。如果没有 ISP 模块，将很难生成达到预期质量的图片。

常见的 RGGB-Bayer 传感器处理的结果如图 2-17 所示，在同样光源下不同传感器做白平衡之后色彩有比较明显的差异，很难用统一的色彩校正矩阵来统一处理，这给当前一些基于 RAW 图的 AI 感知算法（不带 ISP）的实际应用落地带来挑战。

图 2-17 不同 RGGB-Bayer 传感器的色彩处理 (白平衡后用统一的色彩校正矩阵处理）

当前有很多传感器的光谱特性并不局限于 RGB 三色的 Bayer 模式。如图 2-18 所示 RCCB（red-clear-clear-blue）传感器及 RGB-IR（红外）传感器的 ISP 处理结果与原始图像，在这些更加特别的光谱组合中，原始色彩更是与用户直观感知差别很大，如果缺少 ISP 的处理，后端感知算法处理这些数据就比较困难。

(a) RCCB传感器：ISP处理结果及原始数据颜色

(b) RGB-IR传感器：ISP处理结果及原始数据颜色

图 2-18 ISP 处理不同光谱的传感器数据

2.3.2 自动驾驶系统中 ISP 的特殊性

自动驾驶对 ISP 提出了更高的设计需求：

首先是低时延。手机拍摄可以允许 1 ～ 2s 的时延，但这对自动驾驶而言是决不允许的：在高速上车辆致盲 2s 就意味着跑出去 50 多米，这已经不能用危险来形容了。因此车端芯片的 ISP 需要毫秒级的高处理率和高传输率。

其次，自动驾驶汽车的 ISP 要全时在线，面临的场景也丰富得多，诸如被强光直射、黑夜、强弱光交替等极端场景，车端芯片自动驾驶系统的 ISP 需要应对这些挑战。

（1）色彩还原和渲染

自动驾驶场景中很多与颜色相关的重要信息，比如红绿灯、道路地面上的各种标志线等，都是后端感知算法识别场景的重要目标。在一些特殊光照条件下，这些色彩还原的难度增大，渲染出的色彩准确性降低，会给感知算法带来不少困难。

图 2-19 是一个雨天路面场景，潮湿地面的反光和阴雨天较差的光照条件使得 ISP 产品整体颜色偏淡，对比度偏低，道路中心的对向车道分隔"双黄线"颜色很浅，就有可能被误识为同向车道分隔白线，从而使得自动驾驶系统做出错误的选择和判断，给用户带来危险。经过改进的 ISP 处理之后的图像，就准确恢复了原本的色彩。

(a) 改进的 ISP　　　　　　　　　　　　　(b) 其他厂商的 ISP

图 2-19　阴雨天道路场景色彩恢复

（2）不同传感器的噪声一致化

不同的传感器在感光灵敏度和光谱方面都有自身的特点，从而在噪声形态和噪声强度方面各不相同。感知算法在处理图像时，对于输入图像的信噪比（signal-to-noise ratio，SNR）有一定的要求，并且可处理的噪声形态取决于训练数据。当输入图像的噪声形态和噪声强度发生变化时，感知算法的正确性和准确性都会受到很大影响。ISP 可以使不同传感器采集到的数据具有类似的噪声强度和噪声形态，可以直接输入给已训练好的感知算法使用。

图 2-20 反映了 ISP 对于不同传感器的不同噪声的处理能力，图中是两个不同传感器的数据，原始数据的噪声强度和噪声形态不太一致：图（a）传感器的原始噪声以团状色噪声为主，图（b）传感器的原始噪声以分散单点噪声为主。经过 ISP 去噪模块处理之后，两种数据的效果很相似，在噪声去除的同时，信噪比也得到了比较大的提升，以符合感知算法的要求。

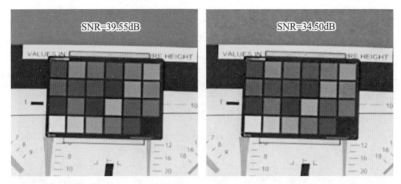

(a) 传感器1数据经过去噪算法处理(左)和没经过去噪算法处理(右)的图像

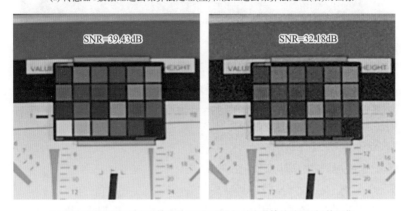

(b) 传感器2数据经过去噪算法处理(左)和没经过去噪算法处理(右)的图像

图 2-20　ISP 对不同传感器的不同噪声的处理

（3）高动态范围（HDR）融合的画面瑕疵处理

自动驾驶环境下，摄像头所遇到的场景的亮暗对比变化非常大。一般摄像头单次拍摄所能捕捉到的数据动态范围大约只有 60 ～ 70dB，而车载环境的场景下往往可以达到 140dB 以上，单次拍摄很难直接捕捉到如此高动态范围的场景。车载传感器中一般通过多种不同的技术，例如数字重叠技术（DOL/Stagger）、双转换增益技术（DCG）、大小像素技术（LPD-SPD），以获取对场景的多重曝光，从而合成出整个高动态范围场景的数据。通常场景中暗处靠长曝光来捕捉，而高亮部分需要短曝光来捕捉。在不同曝光的重叠区域里，合成算法要保证颜色的准确性和合成过渡的自然性。

一个典型的车载 HDR 场景：隧道里的亮度很低，隧道外通常是阳光照射下的高亮区域，如图 2-21 所示。在隧道口处通常就是典型的不同曝光合成的过渡区域，这个区域里有很多问题需要处理，比如色彩一致性问题、信噪比不连续问题等。图 2-21（b）是其他厂商 ISP 处理结果：地面处出现严重斑驳，可能会被检测为路面的缺陷而影响自动驾驶的决策；隧道外的路牌原本应为蓝色，被合成为褐色，这样感知算法可能会把普通道路（蓝色路牌）理解为风景区路牌（褐色）。而改进的 ISP 就能很好地处理这些信息。

（4）多帧处理

在夜晚或者室内低亮情况下，一般摄像头会通过延长曝光时间来达到合适的亮度。但是因为自动驾驶车辆通常处于高速运动状态，曝光时间的增长会导致图像中的运动模糊的增加；有时哪怕运动速度不快，但是由于车辆处于转弯状态，远处场景的转弯线速度很大，模糊严重，这些都给感知算法的计算和识别带来困难。

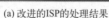 

(a) 改进的ISP的处理结果　　　　　　　(b) 其他厂商ISP的处理结果

图 2-21　HDR 合成的自然性和颜色准确性

近些年，多帧去噪算法（时域去噪）经历了长足的发展。ISP 控制摄像头的曝光和增益，在曝光量（曝光时间 × 增益）相同的情况下，具有更短的曝光时间、更高的增益。针对短曝光 + 高增益图像使用多帧技术，可以将噪声水平控制在低增益水平上，同时因为基准单帧图像的曝光时间的减少，运动模糊问题得到了很好的改善。

图 2-22 是一个典型的示例。传统 ISP 做法如图（b），曝光时间 30ms，3 倍增益，因为车辆在行驶过程中，可以明显观测到运动模糊，上方指示牌的字体都具有重影，小号字体难以辨认；而改进的 ISP 控制曝光时间为 10ms，9 倍增益情况下，保持了总曝光量的不变，所以图像亮度与传统 ISP 类似，同时改进的 ISP 对图像采用多帧降噪技术（本示例使用 3 帧降噪），所以尽管单帧图像的增益高达 9 倍，处理结果的噪声水平也与低增益图像类似，噪声得到了很好的抑制。由于改进的 ISP 的图像基准曝光较短（比如 10ms），单帧基准图像的运动模糊就很小，处理结果中的物体和字符清晰可辨，无可见的运动模糊现象。

(a) 改进的ISP　　　　　　　　　　(b) 传统ISP

图 2-22　多帧短曝光 + 高增益图像减少运动模糊

（5）低延迟处理

车载环境下的图像输出不能有太大的延迟，几乎要达到实时处理的要求。改进的 ISP 从算法设计上就考虑算法的复杂度和算法的流水线结构，支持传感器数据流的在线和离线的混合处理模式。在线模式下，ISP 输出的延迟几乎只取决于 ISP 算法本身所需的行缓存。典型场景下，改进的 ISP 数据处理的延迟不超过 1ms，为后端感知算法实时获取到图像数据提供了有力的保障。

视觉与 AI 是智能驾驶领域的关键技术和基础能力，而图像质量对于视觉应用和算法识别起着至关重要的作用。

2.3.3 ISP 图像质量调试

ISP 图像质量取决于算法设计和效果调试两个方面。算法设计负责提供具有优良"基因"的图像处理算法功能，通过调试灵活的、适配不同特性的摄像头（各类镜头、CFA、HDR 策略），输出满足用户需求的图像。

典型的 ISP 调试流程如图 2-23 所示。

图 2-23 ISP 调试流程

对图 2-23 的 ISP 调试流程具体说明如下。

① 需求确认：确认调试摄像头的分辨率、帧率、工作模式、应用方向；

② 模组检查：摄像头硬件品质检查（模组、传感器、镜头）；

③ 参数标定：不同传感器特性差异补偿；

④ 客观调试：通过图像质量客观指标的把控，保证 ISP 基础调优效果；

⑤ 主观调试：针对特定应用方向和客户需求迭代细调。

（1）自动驾驶汽车 ISP 调试

近年来，越来越多的摄像头应用于汽车系统，已经成为现代汽车中不可或缺的一部分。对于自动驾驶的安全性而言，摄像头输出的图像质量至关重要。车载摄像头以感光成像为理论基础，实际使用中面临着复杂使用环境的诸多挑战：

① 夏日晴天极亮到夜晚无灯极暗，大尺度场景照明亮度变化；

② 同一场景下，超过 120dB 的高动态范围（HDR）；

③ 各种极端天气：雨、雾、雪、沙尘；

④ 复杂的光源环境与颜色还原，LED 闪烁；

⑤ 大景深范围与探测距离；

⑥ 低速 / 高速运动场景。

面对如此多的挑战，结合不同的自动驾驶应用，给车载摄像头 ISP 的调试提出了不同的需求。举例来说：

① 高级驾驶辅助系统（ADAS）：AEC/AWB 响应时间、HDR 还原、低光信噪比、颜色准确性、运动模糊、高分辨率传感器适配性；

② 360° 全景环视系统（SVS）：鱼眼镜头暗角补偿、多摄像头调试效果一致性；

③ 驾驶员监控系统（DMS）：感光灵敏度与信噪比、图像清晰度；

④ 电子后视镜（CMS）：HDR 恢复、监视器显示图像质量。

（2）图像质量调试案例

1）运动模糊、噪声水平

对于自动驾驶常见的夜晚低光场景，ISP 输出图像为了获取合适的图像亮度，往往需要将曝光时间延长到最大值，并且提高增益的补偿。

运动场景曝光时间的增加会带来运动模糊问题，增益的设置则会影响到图像整体的噪声水平。尤其是大视场角（FOV）镜头成像的边角区域，一方面边角透视失真导致运动模糊更加严重，另一方面由于镜头阴影亮度补偿，噪声水平也会更高。如何平衡曝光时间和增益的分配，并调试合适的去噪参数，是处理这类问题的核心考量。

如图 2-24 所示，当曝光时间从 28ms 变化到 20ms 时，运动模糊可以得到改善。但是为了保持图像亮度一致，图（a）需要用到更高的传感器增益，从而导致了更高的噪声水平。

(a) 曝光时间20ms (b) 曝光时间28ms

图 2-24 夜晚场景（120° FOV，图像右上角区域）

对于自动驾驶汽车 ISP 调试而言，需要优先考虑感知算法能容忍的运动模糊像素个数上限；然后依照特定应用的车辆速度、场景距离、焦距、像素尺寸，反推出对应的最大曝光时间；再依照该最大曝光时间的 AEC 设置，调试不同场景的去噪参数。

这里展示改进的 ISP 对于运动模糊 - 去噪联调的一个示例，如图 2-25 所示。图（a）为结果图，通过运用多帧 3D 去噪，可以进一步地缩短曝光时间，在显著改善运动模糊的同时，尽管单帧图像的增益高达 9 倍（为了保持图像亮度一致），处理结果的 SNR 也与图（c）3 倍低增益图像类似，噪声得到了很好的抑制。

(a) 10ms曝光，9倍增益，3D去噪 (b) 20ms曝光，4.5倍增益，2D去噪 (c) 30ms曝光，3倍增益，2D去噪

图 2-25 运动模糊 - 去噪联调示例

2）亮度、对比度、噪声水平、图像细节

低光照或不均匀光源的环境，对图像的噪声、亮度、对比度、细节带来了极大的挑战。

这里展示一个图像对比度和图像噪声的矛盾例子，如图 2-26 所示。提升图像对比度作为一种图像内容增强方法，原理上也会增强图像噪声内容。

(a) 较好对比度，噪声较强   (b) 降低对比度，减弱噪声

图 2-26 图像噪声与图像对比度

在 ISP 调试中，亮度、对比度、噪声水平、图像细节是一个多模块耦合调试的典型例子。实际中，需要根据应用需求，通过多场景调试，平衡各样例最优效果。

改进的 ISP 对于图像亮度、对比度、噪声水平、细节耦合调试的一个示例，如图 2-27 所示。场景为路灯光晕影响下，暗处的表现。左侧的结果，图像亮度太暗，导致无法分辨细节。中间的结果，通过提升图像亮度，图像整体轮廓辨别度提升，但是因为对比度不够，细节内容仍较难分辨，亮度的提升也在一定程度上带来了噪声水平的提升。右侧的结果，通过平衡亮度和对比度，然后结合适当的去噪参数调整，图像整体轮廓和局部细节（穿反光衣服的行人）都得到了较好的图像质量恢复。

图 2-27 图像亮度 - 对比度 - 噪声水平 - 细节联调示例

3）交通灯颜色还原、整体颜色还原

白平衡是 ISP 调试颜色还原时需要面对的一个经典问题。白平衡问题有两个起源：一是黑体辐射，二是人眼颜色恒常性。

在任何条件下，对任何波长的外来辐射完全吸收而无任何反射的物体定义为黑体。黑体辐射的电磁波的光谱特性只和黑体的温度有关。如图 2-28 所示，随着温度升高，黑体辐射的颜色呈现由红—橙红—黄—黄白—白—蓝白的渐变过程，黑体的这个温度称为该光源的色温。

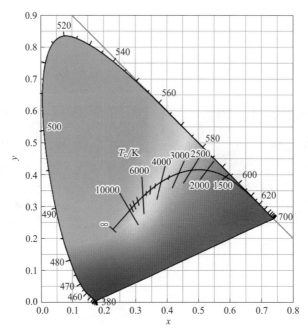

图 2-28　色度图标注黑体辐射普朗克轨迹

常见光源的色温和光谱曲线如图 2-29 所示。

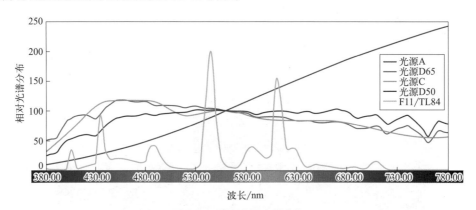

图 2-29　不同光源光谱曲线

例如，白炽灯的光色是暖白色（图 2-29 的 A 光），其色温为 2700K，而日光色荧光灯的色温则是 5000K 左右（图 2-29 的 D50 光）。

人眼颜色恒常性是指，当照射物体表面的颜色光发生变化时，人们对该物体表面颜色的知觉仍然保持不变的知觉特性。很好的例子是：当进入一个白炽灯照亮的房间一会儿以后，就不会有光线昏黄的感觉了。

对于以 CMOS、CCD 为代表的图像传感器而言，在不同色温和光谱的光源照射下，Bayer RGB 三通道的响应比例是不同的。这必然导致如果不经过处理，图像的颜色响应会出现显著的不一致，提升了后续感知算法处理的难度。

ISP 中的自动白平衡（AWB）功能即专门针对这个问题设计。一个优良的 AWB 算法＋调试结果，能比较准确地判断出成像场景的色温范围，并根据已经标定好的传感器光谱特性，转化为该场景下 B 和 R 通道的补偿增益值。

以上是理想的情况。对于自动驾驶而言，在夜晚场景下通常会包含不止一个光源。如果这些光源的色温不一致，就会产生典型的混合光场景问题。

如图 2-30 所示，该场景环境光源为低色温暖光。如果需要将整体颜色还原为白色，需要加较多的 B 通道增益，导致绿灯效果偏青，即图（a）效果。图（b）通过限制 B 通道增益，绿灯颜色还原效果较好，但整体效果偏暖。

(a) 以环境光为主的白平衡　　　　　　　　(b) 考虑绿灯还原效果的白平衡

图 2-30　夜晚交通灯场景颜色还原效果

这里展示了另一个晴天隧道出口场景的调试结果，如图 2-31 所示。该场景也是一个混合光源场景：隧道内照明灯色温偏低，颜色偏暖；隧道外阳光直射色温偏高，颜色偏冷。除此以外，该图像传感器使用了大小像素（LPD-SPD）技术：针对 HDR 场景，长曝光使用大像素采集，用于合成暗区（隧道内）；短曝光使用小像素采集，用于合成高光区（隧道外）。大小像素光谱响应不同，进一步加重了隧道内外颜色差异 [图（a）结果]。针对这个问题，改进的 ISP 专门设计了针对大小像素颜色差异补偿的处理算法和调试策略，依照预先标定的大小像素感光差异，动态调整小像素的 AWB 和 CCM，使之处理输出颜色尽量接近大像素。调试结果如图（b）所示，通过调试，隧道外异常偏蓝色现象得到了较好的改善。

(a) 调试小像素颜色前效果　　　　　　　　(b) 调试小像素颜色后效果

图 2-31　晴天隧道出口场景颜色还原效果

2.4　车载摄像头发展趋势

2.4.1　市场方面

（1）车载摄像头将成为"自动驾驶之眼"

包括摄像头在内的汽车传感器是 ADAS 感知层的核心部件，遍布车辆全身。一辆汽车所搭载的摄像头等传感器数量的多寡，直接决定了其智能化水平的高低。目前，普通家用轿车中配有数十个传感器，高档轿车中则多达 100 多个。汽车传感器可分为环境监测、车身感知两大类。在一辆汽车所配置的传感器中，呈现出环境监测传感器量少价高，而车身感知传感器量多价廉的特点。随着汽车自动驾驶级别的提升，单车搭载的传感器数量及价值迅速增长。图 2-32 所示为主要汽车传感器在各级自动驾驶中的应用。

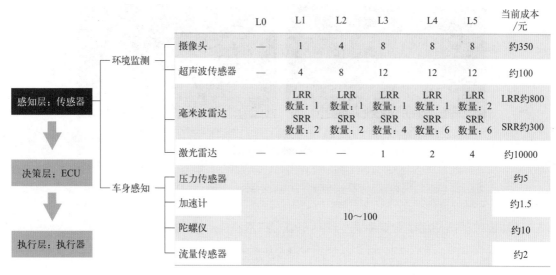

图 2-32　主要汽车传感器在各级自动驾驶中的应用

ADAS 功能的丰富离不开多摄像头配置，汽车智能化驱动单车搭载的摄像头数量逐步提升。当前单车一般装配 1～2 个摄像头（1 个前视摄像头 +1 个后视摄像头）。但从新趋势看，一套完整的 ADAS 系统一般应至少包括 6 个摄像头（1 个前视摄像头，1 个后视摄像头，4 个环视摄像头），而高端智能汽车的摄像头数可达 8 个。

特斯拉 Model 3 车型搭载了 Autopilot 2.0 系统，为实现更优的图像识别性能，全车共搭载了 8 个摄像头、1 个雷达和 12 个超声波传感器。其中，8 个摄像头包括 3 个前视摄像头（1 个长焦摄像头、1 个广角摄像头、1 个中距摄像头）、2 个侧方前视摄像头、2 个侧方后视摄像头和 1 个后视摄像头，实现在 250m 半径内为汽车提供 360°可视性。

安森美自动驾驶系统所需摄像头数量达到 9 个，其中前置与后置各 2 个、侧视 4 个、内置 1 个，用来实现辅助泊车、车道偏离预警、行人碰撞预警、疲劳驾驶预警等功能。

Mobileye 公司在 CES 2020 展览会上展示了一套仅基于 12 个摄像头，而没有其他雷达、超声波传感器的自动驾驶方案，完成在复杂的街道上约 20min 的自动驾驶。

特斯拉 Model 3 传感器搭载情况如图 2-33 所示。

Mobileye 纯视觉自动驾驶方案如图 2-34 所示。

从多摄像头的驱动力来看，中期驱动力集中于供给侧，造车新势力的入场有望带动市场规模超预期增长；长期驱动力由终端消费需求牵引，本质上是由智能化对摄像头的需求所决定的。

多摄像头是汽车智能化进程中的必备要素。从功能来看，多摄像头是丰富 ADAS 功能的必要基础设施。车载摄像头主要包括前视摄像头、后视摄像头、环视摄像头、侧视摄像头和内视摄像头，不同位置摄像头所支持的 ADAS 功能各异，对其技术要求也存在差异。车载摄像头类型如图 2-35 所示，具体描述见表 2-1。

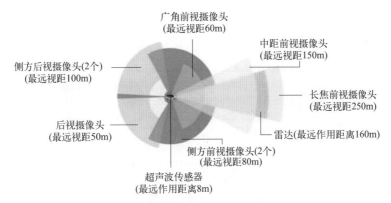

图 2-33 特斯拉 Model 3 传感器搭载情况

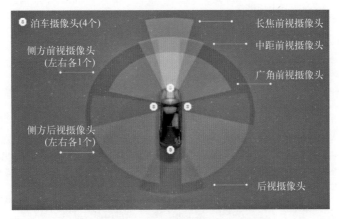

图 2-34 Mobileye 纯视觉自动驾驶方案

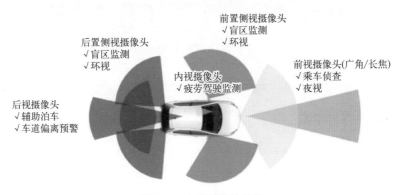

图 2-35 车载摄像头类型

从长期需求看，多摄像头提供了全新驾驶体验：

① 可有效减轻驾驶员负担。全方位的车身视景系统可提供车辆 360° 的视角，实现行车记录、盲点监测、夜视、路标识别、车道偏离监控、自适应巡航、紧急制动、低速防撞等功能。

② 监控车内人员状况，提升驾驶安全度。内视摄像头可实现驾驶员生命体征监控、乘客检测等功能，更好地监控车内人员安全和注意力状况。

③ 释放传统部件，重构车体设计空间。摄像头系统的发展有望推动汽车制造商取消传统的后视镜，重新设计汽车的轮廓。

表2-1 车载摄像头

摄像头类型	个数	功能	描述	分辨率
前视	1～4	前向驾驶辅助： FCW LDW PCW TSR LKA ADB ACC	FCW（前方碰撞预警）：实时监测与前方车辆之距离，当存在潜在碰撞危险时对驾驶者发出警告 LDW（车道偏离预警）：通过摄像头识别车道线信息，当车辆发生无意识偏离时系统发出警告 PCW（行人碰撞预警）：实现行人监测预警功能 TSR（交通标志识别）：通过仪表显示摄像头识别出的前方道路标志，并给出相应的警示信息 LKA（车道保持辅助）：辅助纠正驾驶员的无意识偏离车道行为，使车辆回到原车道中 ADB（自适应远光灯）：通过摄像头识别出来车和前方同向车辆，自动切换远光灯照射范围，避免对其他车辆司机造成炫目 ACC（自适应巡航控制）：探测与本车道前车之间的距离，并按照设定好的最高时速和两车之间的距离进行巡航	1080P及以上
		行车记录仪	实时对车辆前方路况进行录像	720P及以上
		夜视摄像头	使用红外线摄像头收集周围物体热量信息并转变为可视图像，以增加夜间行车的安全性	480P
后视	1～3	倒车影像 流媒体后视镜	当汽车挂入倒挡时，摄像头打开并获取车后方状况，显示于中控或内后视镜的液晶显示屏上	480P及以上
环视	4～8	360°全景环视 自动泊车	通过车上多路摄像头采集四周图像数据，生成360°的车身鸟瞰图，并在中控显示屏上显示，辅助驾驶员泊车	480P及以上
倒视	2	盲点监测 变道辅助	安装在后视镜下方部位，检测侧后方盲点区域内车辆	720P及以上
内视	1～2	驾驶员疲劳监测 身份识别 安全录像	拍摄驾驶员面部动态进行识别，实现对驾驶员身份识别、疲劳监测以及危险驾驶行为监测；在商用车上还可进行安全录像	720P及以上

（2）摄像头需求不断增加

自动驾驶驶入快车道，车载光学设备迎来加速放量。2021年以来，具备L3级别自动驾驶能力的车型相继发布。在政府相关部门、造车新势力、传统车企、方案商、科技大厂等多方势力共同推动下，自动驾驶有望加速落地。根据相关机构的统计，2020年全球L2级别及以上级别乘用车出货量为899万辆，预测到2024年将增长到1930万辆，2020—2024年复合年均增长率（CAGR）为21%。在自动驾驶系统中，车载摄像头是实现众多预警、识别类功能的基础，超过80%的自动驾驶技术都会运用到摄像头。目前L2级别汽车的摄像头搭载量在5～8颗，L3级别能到8颗以上。蔚来ET7、极氪001、小鹏P5、极狐Hi版车型的车身摄像头搭载量分别为11、12、13、13颗，且以500万～800万像素摄像头为主，车载光学设备市场正迎来加速放量阶段。

车载摄像头迎来量价提升：量方面，到L3自动驾驶级别，单车摄像头搭载量能达到8颗以上，到L4/L5阶段有望达到10颗甚至15颗以上，相比L1级别1颗的用量，车载摄像头搭载量将显著提升；价格方面，随着自动驾驶级别的提升，对车载摄像头像素、探测距离、可视角、可靠性的要求都在不断提升，倒逼产业链中的镜头、CIS 等部件的供应商迭代更新技术工艺，从而推升车用摄像头的价值。相比传统成像镜头模组 100 ～ 200 元的价格，高级别的自动驾驶感知镜头模组售价高达 400 ～ 600 元。随着自动驾驶渗透率快速提升，车载摄像头市场将迎来行业快速爆发期。据测算，车载摄像头市场规模（不包括 SoC 芯片及系统集成等）到 2025 年有望达到 105 亿美元，2020—2025 年 CAGR 为 21%。

（3）自动驾驶技术与车载摄像头同步发展

① 智能汽车有望复制智能手机发展历程。

汽车智能化浪潮汹涌而来，行业迎来加速向上拐点。2019 年以来，自动驾驶车型密集发布，各车企纷纷推出 L2 级别自动驾驶汽车。 2021 年，具备 L3 级别自动驾驶能力的车型相继发布，行业正进入 L3 级别及以上自动驾驶（ADS）时代，自动驾驶正规模化落地。

传感器是自动驾驶系统感知层的核心组成部分。其中车载摄像头作为视觉传感器，素有"智能驾驶的眼睛"之称，能够与毫米波雷达、激光雷达在暗光环境、恶劣天气、探测距离、识别能力等方面优势互补，共同组成自动驾驶的感知层。车载摄像头是获取图像信息的前端，充分受益于自动驾驶的快速渗透。应用机器学习和人工智能算法的图像识别技术，让自动驾驶汽车可以分辨道路上的车道、车辆、行人和交通标志等图像，信息被获取之后在视觉处理芯片上通过各类算法进行处理并提取有效信息，最后进入决策层用于决策判断。作为自动驾驶汽车进行决策的重要依据，车载摄像头是不可或缺的感知硬件，也必将受益于自动驾驶应用的快速渗透，迎来需求放量。智能汽车环境感知传感器的常见分布如图 2-36 所示。

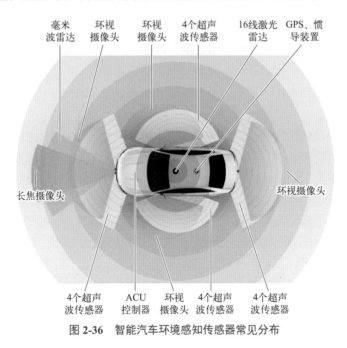

图 2-36 智能汽车环境感知传感器常见分布

② 智能汽车百花齐放，百家争鸣。

在多方势力共同推动下，智能驾驶方案提供商厚积薄发，推动自动驾驶技术发展。算法是自动驾驶系统的大脑，自动驾驶水平的提升离不开相关硬件和芯片算力的匹配支撑，或者说离不开一个可以承载巨大运算量的算法平台。在自动驾驶解决方案领域，前有 Mobileye、英伟达、华为早早布局，后有地平线、寒武纪等初创公司初显锋芒，利用自身技术积累研发自动驾驶芯片，为车企提供汽车自动驾驶解决方案、车联网解决方案等服务，共同推动自动驾驶技术的快速发展。以 Mobileye 为例，在 2004 年就开始研发 EyeQ 系列芯片；EyeQ1 在 2008 年发布，这是较早应用于自动驾驶的 AI 芯片，仅实现辅助驾驶功能，算力仅 0.0044TOPS❶；而 2020 年发布的 EyeQ5，算力达到 24TOPS，可支持 L5 级别自动驾驶。

传统车企加速追赶。新晋车企的加入也倒逼着传统车企在这波智能化的浪潮中破釜沉舟，进行改革。一方面，传统车企通过自研积极布局汽车智能化；另一方面，凭借汽车制造技术的积累，传统车企积极与谷歌、英伟达、百度、阿里巴巴、华为等互联网科技企业合作，协同布局智能汽车。

随着科技公司、造车新势力、传统车企的共同发力，自动驾驶硬件和软件技术有望加速成熟，并伴随成本的下降，智能汽车有望迎来爆发期。

③ DMS 技术快速普及。

DMS 为驾驶员监测系统（driver monitor system）的英文简称，是指在驾驶员驾驶过程中，全天候监测驾驶员的疲劳状态、危险驾驶行为的信息技术系统。在发现驾驶员出现疲劳、打哈欠、眯眼睛及其他错误驾驶状态后，DMS 将会对此类行为进行及时分析，并进行语音、灯光提示，起到警示驾驶员、纠正错误驾驶行为的作用。

DMS 或成智能汽车标配。2006 年，雷克萨斯 LS 460 首次配备主动 DMS；2018 年以来，随着 L2 车型的量产，ADAS 对于行驶安全的重视大大提高了 DMS 的重要性，Tier1 方案商以及芯片厂商积极推出 DMS 完整解决方案。展望未来，法规与政策的驱动，以及智能汽车从辅助驾驶到自动驾驶的跨越，都意味着 DMS 将成为重要的安全保障，推动车内监控摄像头的迅速起量。

④ 从成像到感知，车载摄像头单颗价值提升 。

从成像到感知，从智能手机到智能汽车，摄像头技术工艺升级。相对于手机摄像头等消费级电子产品，安全问题的存在使得车载摄像头技术壁垒更高，对摄像头的性能及其稳定性和可靠性都提出了更高的要求。尤其是带有 ADAS 功能的感知摄像头，在传统的拍照、摄像等基础功能之外，还需要准确捕捉图像，对目标物体进行精准测距。ADAS 摄像头需要完成识别（即解决障碍物是什么的问题）和测距（测量本车与前方障碍物距离）两项工作，因此对摄像头的防振性、持续聚焦特性、杂光强光抗干扰性、工作时间和使用寿命等都有较高的要求。

严格的性能要求也使得车载摄像头领域具有较高的技术壁垒，认证周期长，客户稳定。产品一般需要经过 1～2 年研发周期、1～2 年认证周期才能够供货，较长时间的认证壁垒使后来者难以竞争。同时一旦通过认证，签约后合作周期能够达到数年，订单稳定性非常高。随着驾驶自动化程度的提升，车载摄像头像素以及探测距离也在不断提升，从早期的 30 万像素的倒车影像，到特斯拉 120 万像素的自动驾驶镜头，再到蔚来发布的 ET7 车型的 11 颗 800 万像素 ADAS 镜头，探测距离已经实现了从十米级到数百米级的突破。800 万像素镜头在视场角（FOV）更大的情况下，感知距离依然能够翻三倍，感知内容却更加精细，有望替代低像素摄像头，成为前视摄像头主流配置。在自动驾驶演进的浪潮下，车载摄像头的规格升级将是大势所趋，其应用也将从基本的倒车影像（后视）向工艺难度更大、附加值更高的前视、侧视

---

❶ TOPS是tera operations per second的缩写，其中tera代表万亿，operations代表操作，per second表示每秒。

ADAS 摄像头拓展，倒逼产业链中游的镜头、CIS、模组等部件供应商迭代更新技术工艺，从而推升车用摄像头的价值。ADAS 推动车载摄像头全面升级，如图 2-37 所示。

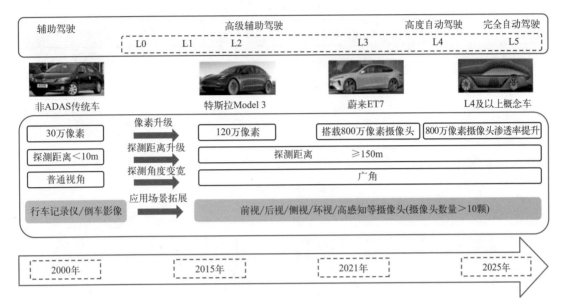

图 2-37 ADAS 推动车载摄像头全面升级

⑤ ADAS 摄像头步入高分辨率时代，非球面玻璃用量提升。

摄像头分辨率提高，支持智能驾驶性能提升。在保证安全性与稳定性的基础上，高像素和清晰成像效果成为 ADAS 镜头新的追求点。2015 年，特斯拉 Model 3 将车载摄像头像素提高至 120 万像素；2020 年，蔚来 ET7 率先装配 800 万像素的前视摄像头，引领 ADAS 前视摄像头进入 800 万像素时代。通常，100 万像素的摄像头可以在 30m 左右的地方探测到行人，而 800 万像素的摄像头可靠探测距离可以超过 200m。

车载镜头工艺全面升级。手机摄像头多采用塑料镜头或玻塑镜头，其优点在于成本低、工艺难度低，适合大批量生产。然而受限于本身材质，塑料镜片在透光率、折射率、色散等性能上均存在"天花板"，相较于玻璃镜片的物理性能差太多，无法满足车规级要求，因此车载镜头大多采用性能更好、量产难度更大的玻璃镜片。摄像头镜头材质比较如表 2-2 所示。

表2-2 摄像头镜头材质比较

特点	塑料	玻璃	玻塑
工艺难度	低	高	高
量产能力	高	低	低
成本	低	高	高
耐热性	低	高	两者之间
透光率	92%	99%	两者之间
应用领域	手机	单反相机、车载镜头、扫描仪	高端手机、车载镜头、安防

车载镜头与手机镜头的对比如表 2-3 所示。

表2-3　车载镜头与手机镜头的对比

项目		车载镜头	手机镜头
镜头材质		全玻璃 / 玻塑混合	塑料 / 玻塑混合
光学性能	透光率	99%	92%
	最高耐温	300℃左右	100℃左右
	折射率	2	1.65
	耐磨性	较佳	差
	轻巧程度	较重	较轻，有助于实现快速对焦和防抖
主流像素数量		120 万～ 800 万	1200 万～ 6400 万
角度		对于环视和后视，一般采用 135°以上的广角镜头。前置摄像头对视距要求更大，一般采用 55°的范围	60°～ 80°
技术要求		● 核心要求为安全，恶劣环境（雨雪、尘雾等）下的稳定拍摄 ● 抗震：保证在颠簸的路况下正常工作 ● 防磁：车辆启动时会产生极高的电磁脉冲，需要极高的防磁性能 ● 使用寿命与车辆寿命匹配，至少为 8 ～ 10 年	核心衡量标准为像素、单像素尺寸、光圈，追求成像效果，通常使用寿命 2 ～ 3 年

车载摄像头分辨率的提升意味着需要解像能力更高的镜头，因此非球面玻璃用量提升。球面镜片因为镜面曲线形状单一，多少都会产生一些像差和色差，容易导致影像不清、视界歪曲、视野狭小等不良现象。非球面镜片可使焦点一致，能够使多角度入射的光线理想地集中至一点，从而尽量减少镜片所产生的像差、色差，对提高成像质量、扩大视场范围以及减小光学镜头的外形尺寸和重量等起着积极作用，如图 2-38 所示。

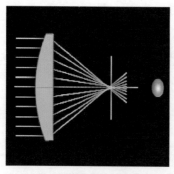
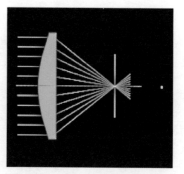

(a) 球面镜片的球面像差　　　　　(b) 非球面镜片使焦点统一

图 2-38　球面与非球面镜片对比

非球面玻璃镜片从设计到加工，工艺难度极高。非球面玻璃镜片的加工技术主要分为 3 种：超精密加工、光学机械加工以及模具制造技术（又称为模造技术）。其中，前两种工艺皆需通过人工磨制，在工时长且产能有限的情况下，成本高昂。模造技术则是目前主流的工艺，在程序上较为简化，也较经济，比起传统玻璃铣磨更利于标准化大规模生产，但技术门槛较高。相比前两种冷加工的方法，模造技术属于热加工，对模具和材料特性要求更高，目前只有少数光学厂商掌握该工艺。模造与传统非球面玻璃工艺流程如图 2-39 所示。

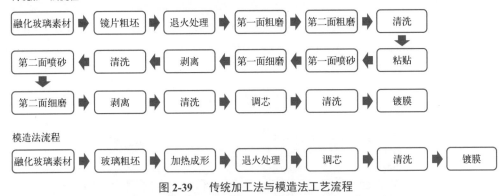

图 2-39　传统加工法与模造法工艺流程

ADAS 摄像头高清化、宽视场角等高性能要求将使得非球面玻璃镜头的需求量加大。技术工艺和量产难度的双重升级将驱动车载镜头价值提升。

⑥ 车规级摄像头催生新技术，助推 CIS 单颗价值提升。

与手机摄像头不同，汽车往往要应对复杂多变的路况和天气情况，车载摄像头也因此需要达到更严苛的标准，而 CIS 作为其中的核心部件，就需要解决 HDR、LFM、低照等关键技术难题以匹配车载摄像头高像素、高性能、高稳定性的趋势，新的应用技术以及原有工艺水平升级也随之成为大势所趋，推升 CIS 的单颗价值。车载 CIS 技术要求如表 2-4 所示。

表2-4　车载 CIS 技术要求

车载 CIS 性能	具体要求
高动态范围（HDR）成像	车载 CIS 需要能够将低照和高亮的区域都表现出来。汽车图像传感器的动态范围要超过 120dB，达到 120 ～ 140dB
LED 闪烁抑制（LFM）	LED 灯亮和灭的频率人眼无法分辨，但图像传感器可以，它容易捕捉到 LED 熄灭的状态。汽车要求传感器输出的图像要和人眼看到的图像一致，以正确地读取标志
温度范围	车载 CIS 温度范围要求极端苛刻，需要适应极冷极热的温度差，能够在下至 -40℃，上至 105℃的条件下正常工作
低照	在较低光照度的条件下仍然可以摄取清晰图像，需要在夜间街道上检测到行人、周边的路况和环境

a. 动态范围是场景中最高光强度与最低光强度的比率，高动态范围（high-dynamic range，HDR）成像是用来实现比普通数位图像技术更大的曝光动态范围（即更大的明暗差别）的一组技术。动态范围越大，意味着它可以很好地保留光线强弱不同的区域细节，明亮处和黑暗处都可以很好地呈现。

b. LED 闪烁抑制（LED flicker mitigation，LFM）：LED 灯通常以一定频率（通常为

90Hz）进行闪烁，肉眼无法识别，但快门时间更短的图像传感器可以，因此一旦摄像头曝光时间过短，就会出现曝光时间与 LED 开启时间错位的情况，导致采集到明暗错误或持续闪烁的图像信息。

实际场景中，LED 灯闪烁和 HDR 成像有时会同时出现，比如在夜间的街道，车大灯、广告灯都以 LED 灯居多，当 LED 灯非常明亮时，明暗对比也非常强烈，也就带来了 HDR 的要求。对于自动驾驶系统而言，上述两个问题容易引起系统的误判，甚至酿成严重后果。自动驾驶已经逐步向更高级别迈进，汽车也愈发依靠 CMOS 图像传感器（CIS）来提供准确的图像数据、判断路况，HDR 和 LFM 也成为了 CIS 升级绕不开的关键问题。

图 2-40 所示为 HDR 成像效果。

图 2-40　HDR 成像效果

图 2-41 所示为 LED 闪烁抑制成像效果。

(a) 前一帧　　　　　　　(b) 后一帧

图 2-41　LED 闪烁抑制成像效果

针对上述问题，其解决方案按照不同实现途径可分为硬件扩展动态范围（包括大小像素融合、像素内增加大阱容技术）和软件扩展动态范围（主要指时域多次曝光融合技术）两类。其中，软件扩展动态范围比较容易实现，其本质是在时域内的多次曝光技术，分次获取高动态范围场景部分信息，但无法达到抑制 LED 闪烁的效果，而大小像素曝光和像素内增加大阱容可以同时解决高动态范围和 LED 闪烁问题。

① 时域多次曝光融合：其原理是通过对同一场景做多次曝光得到一系列低动态范围图像后进行合成。通俗来说就是连续拍两三张照片，然后融合成一张照片。不同的曝光之间灵敏度不一样，采集的亮度不同，从而实现动态范围的扩展。其缺点在于多次曝光在时间上有滞后，会导致"鬼影"的问题。图 2-42 所示为时域多次曝光融合成像效果。

(a) 短曝光时间图像　　(b) 中曝光时间图像　　(c) 长曝光时间图像　　(d) 融合成像

图 2-42　时域多次曝光融合成像效果

注：图（a）、（b）、（c）为连续拍的三张照片

② 大小像素融合：与时域多次曝光融合原理相似，但大小像素融合通过对硬件传感单元进行重新设计，然后组合成像。使用该技术的传感器在相邻位置有一大一小两个像素，不同像素下光通量不同，照片亮度自然也不同。将同时拍摄的、不同像素的两张照片融合在一起，大像素可以把暗的地方拍清楚，小像素把亮的地方拍清楚，两者结合以实现高动态。该方案的缺点在于虽然曝光次数只有一次，但有两种尺寸，像素之间的串扰、灵敏度之间的差异使其具有一定的局限性。图 2-43 所示为大像素和小像素结构，颜色对应 RGGB。

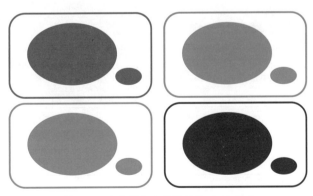

图 2-43　大像素和小像素结构（RGGB）

③ 像素内增加大阱容：这是一种传感器附加硬件扩展的方法，采用空间光学调制器以达到对传感器的光强进行调制的目的。此种方法原理简单、效果明显，但是控制复杂，整体系统设计实现难度较大。手机端 CIS 单价一般在 1 ～ 10 美元，汽车 CIS 单颗价值可能达到 20 美元以上。除了技术规格更高以外，车用 CIS 晶圆尺寸更大也是一大原因。车载摄像头像素尺寸和价

值量高于手机摄像头，如表 2-5 所示。

表2-5　车载摄像头与手机摄像头对比

终端应用	像素量/万	像素尺寸/μm	帧速率/fps	单价/美元
手机摄像头	500	1.75	30	约 1.9
	800	1.4	30	约 1.2
车载摄像头	200	3	60	约 6.6
	130	4.2	30	约 11.6

注：相似规格的不同型号芯片价格可能受采购量等因素影响而有一定差异。

（4）产业链加速聚集，市场规模不断扩大

① 车载模组价值量提升，产业链加速聚集。

相比于手机摄像头模组，车载摄像头模组价值量显著提升。ADAS 车载摄像头关系到驾驶安全，因此，对摄像头安全要求严格，需具备更高的光轴准确性、气密性、稳定性、兼容性等。手机摄像头模组价值量相对较低，单价常低至约 20 元。相对而言，车载摄像头模组价值量更高，普通车载摄像头模组价格在 100～200 元，高清 ADAS 车载摄像头价格高达 400～600 元。车载摄像头模组要求如表 2-6 所示。

表2-6　车载摄像头模组要求

车载摄像头模组要求	描述	解决方案
光轴准确性要求高	光轴偏转角度过大导致 360°摄像头拼接与前视摄像头距离测量等功能误差变大	需要采用 AA 工艺的设备来调整镜头和传感器位置，保证光泽与下面的焦点
气密性要求增加	裸露在外的 360°环视摄像头易进入水汽，变温起雾严重影响其功能	需提供各类壳体组装、点胶固化等设备以保证工艺质量，并配备精密气密测试仪等检测设备
兼容性需求增加	机型增加使摄像头接口等硬件不一致	要求配备支持不同解码版定制的各种接口类型图像采集卡及支持不同接口摄像头快速唤醒的设备结构
摄像头稳定性要求高	过高的上电时序要求等导致闪屏、黑屏	需内置图像采集卡及相关测试程序来检测闪屏、黑屏等问题
摄像头参数标定要求高	摄像头质量缺乏量化指标	要求提供摄像头内参等，以精准标定设备

国内车载模组产业链兴起，车载镜头厂商有望受益。自动驾驶对车载摄像头技术指标要求更高，因此车载摄像头整体变得更加精密，这对模组厂商的光学校准、光学标定都提出了更高的要求。传统车载摄像头模组主要由一级供应商（tier1）来完成，而自动驾驶车载摄像头对光学指标的高要求给了光学技术沉淀更深厚的镜头厂商更多参与模组部分的机会。同时，国内整车厂，尤其是造车新势力引领全球，率先落地高级别自动驾驶车辆，配套产业链（例如车载摄

像头模组）的生产加速转向中国大陆，此外，中国制造业本身也更具成本优势，车载镜头厂商有望深度受益，如图 2-44 所示。

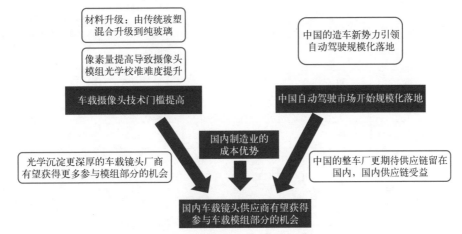

图 2-44　国内光学镜头厂商有望迎来更多的机会

② 车载摄像头市场规模快速扩大。

关键假设：

a. 单车摄像头用量：L1 级别车辆搭载一个后视镜头，L2 级别自动驾驶汽车镜头搭载量将从 2020 年的 6 颗增长至 2025 年的 7.3 颗，L3 级别自动驾驶汽车镜头搭载量将从 2020 年的 10 颗增长至 2025 年的 11.6 颗。

b. 摄像头单价：随着产业链的成熟以及产能的释放，预计 2020—2025 年摄像头单价呈现下降趋势。其中前置和侧视感知镜头单价每年降 5%，其他镜头单价每年降 2%。

c. 根据测算，全球车载摄像头市场规模在 2021 年为 55 亿美元，到 2025 年将增长到 105 亿美元。2020—2025 年，全球摄像头市场规模复合年均增长率（CAGR）约为 21%。

表 2-7 所示为车载摄像头市场空间测算（含预测值）。

表2-7　车载摄像头市场空间测算（含预测值）

项目		2020 年	2021 年	2022 年	2023 年	2024 年	2025 年
全球汽车销量 / 万辆		9100	9282	9468	9657	9850	10047
不同级别自动驾驶车辆销量 / 万辆	L1	1874	2392	2665	3018	3495	3818
	L2	896	1204	1414	1611	1843	2110
	L3 ~ L5	3.2	8.4	19.6	47.6	86	181
单车摄像头用量 / 颗	L1	1.0	1.0	1.0	1.0	1.0	1.0
	L2	6.0	6.2	6.5	6.7	7.0	7.3
	L3 ~ L5	10.0	10.5	11.0	11.2	11.4	11.6
	行车记录仪	0.60	0.62	0.64	0.66	0.68	0.70
	车内监控（单车用量）	0.1	0.2	0.3	0.4	0.5	0.6

续表

项目		2020 年	2021 年	2022 年	2023 年	2024 年	2025 年
不同类型摄像头单价/元	倒车影像	150	147	144	141	138	136
	车内监控	140	137	134	132	129	127
	前视摄像头	600	570	542	514	489	464
	侧视监控	550	523	496	472	448	426
	行车记录仪	140	137	134	132	129	127
	环视监控	200	196	192	188	184	181
市场规模/亿元	L1	28	35	38	43	48	52
	L2	202	265	305	341	383	432
	L3 ~ L5	1	4	8	20	35	70
	车内监控单车用量	13	25	38	51	64	76
	行车记录仪	23	31	35	40	47	54
总计/亿元		267	360	425	495	577	684

③ 受益于车载光学设备起量，车用 ISP 市场持续增长。

车载摄像头用量的提升也带来了 ISP 市场空间持续提升。ISP（image signal processor），即图像信号处理器，是车载摄像头的重要构成组件，主要作用是对前端图像传感器 CMOS 输出的信号进行运算处理。依赖于 ISP，驾驶员才能够通过车载摄像头看清楚周围环境，从而决定接下来的驾驶行为。根据相关机构的预测，视觉处理芯片市场规模有望从 2018 年的 95 亿美元增长到 2024 年的 186 亿美元，2018—2024 年 CAGR 约为 14%，其中 2018 年 ISP 占比约 37%。图 2-45 所示为视觉处理芯片市场规模（含预测值）。

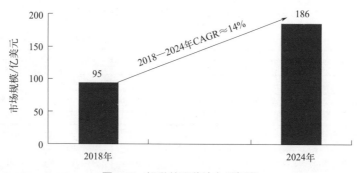

图 2-45　视觉处理芯片市场规模

车用 ISP 有独立（外置）和集成（内置）两种方案。独立 ISP 芯片的性能强大，但成本较高。CMOS 传感器供应商也推出内置 ISP 的 CMOS 图像传感器集成产品，其成本低、面积小、功耗低，但能够完成的算法相对简单，处理能力较弱。表 2-8 所示为两种 ISP 架构方案比较。

表2-8　两种 ISP 架构方案比较

项目	独立 ISP	集成 ISP
性能	强大	较弱
成本	较高	较低
算法复杂程度	较难	较易

2.4.2　产业链方面

（1）特斯拉方案与采埃孚方案对比

传统摄像头方案需实现图像采集、视觉处理两大功能。对于整车厂而言，车载摄像头成本主要由硬件采购（约占 80%）和模组封装（约占 20%）两部分构成。传统方案中，车载摄像头的核心硬件应包括镜头组（由光学镜片、滤光片和保护膜等组成）、图像传感器、图像信号处理器等单元。以 BMW X5 车型采用的采埃孚 S-Cam4 三目摄像头为例，该款摄像头基于豪威的 CMOS 图像传感器实现图像采集功能，视觉处理功能则通过 Mobileye 的 EyeQ4 处理器实现；此外，摄像头主板上还配置了一个 32 位的 MCU 和两个存储器。图 2-46 所示为传统车载摄像头结构示意图。

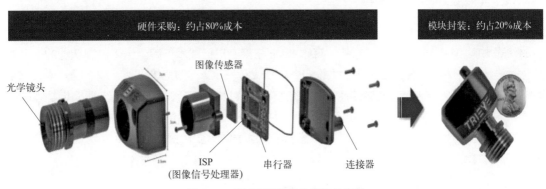

图 2-46　传统车载摄像头结构示意图

而特斯拉的摄像头方案剥离了计算功能，只做图像采集，成本相比传统方案下降 60%。特斯拉在 2016 年发布的 HW2.0 驾驶辅助硬件方案中，传感器环节使用了 8 个摄像头、12 个超声波传感器和 1 个毫米波雷达。特斯拉在 2020 年的 HW3.0（配置于 Model 3 车型中）中仍沿用了这一摄像头方案。HW 系列方案中，使用了一款类似于采埃孚 S-Cam4 的三目前视摄像头，其三个摄像头模块均基于 OnSemi 的 120 万像素 CMOS 传感器（2015 年发布），用以实现图像采集功能。但与采埃孚摄像头不同的是，特斯拉的三目摄像头只被用于采集图像，并未配置处理 SoC、MCU 等计算功能模块，图像处理则交给 Autopilot 控制器完成。

根据 SystemPlus 数据，基于传统方案的采埃孚 S-Cam4 三目摄像头的总成本约为 165 美元，而特斯拉的三目摄像头总成本约为 65 美元，相比传统方案减少了约 60%。

表 2-9 所示为特斯拉（Tesla）三目前视摄像头与采埃孚（ZF）三目前视摄像头的对比。

表2-9　特斯拉三目前视摄像头与采埃孚三目前视摄像头的对比

项目	Tesla 三目前视摄像头	ZF S-Cam4 三目前视摄像头
广角摄像头	120°，60m	150°
中距摄像头	50°，150m	52°
远距摄像头	35°，250m	28°，300m
CMOS 图像传感器	OnSemi AR0136AT	OmniVision
处理器	—	Mobile Eye Q4
MCU	—	英飞凌（32-bit）
内存	—	美光
成本估测	65 美元	165 美元
产品差异	只采集图像，所有 CMOS 传感器嵌入在 PCB 中，无须处理 SoC，图像处理部分交给 Autopilot 控制器完成	CMOS 传感器隔离在三个不同的 PCB 上，摄像头包含完整的功能，需对接 Mobileye 完成部分测试工作

注：成本估测采用 SystemPlus 数据。

（2）车载摄像头产业链重构

基于 SystemPlus 的数据，对传统架构的代表方案采埃孚 S-Cam4（简称 ZF 三摄）和新架构下的代表方案特斯拉三目前视摄像头（简称 Tesla 三摄）进行成本拆解。由于控制功能的中央集成化，摄像头作为单一传感器不再需要配备 MCU/ 处理 SoC/ 存储器等元件，成本绝对值大幅下降。但同时，图像传感器、光学部件（镜头组）、模组封装等环节仍是摄像头实现采集功能的必备要素。根据测算，剥离了计算功能的摄像头中，镜头组、图像传感器在总成本中的占比分别提升了 15%、30%，产业链上游光学器件及图像传感器的重要性提升。如图 2-47 所示为车载摄像头行业成本结构分布。

（3）产业链日趋成熟，将推动 DMS 发展

在车载摄像头 ASP（平均售价）方面，预计随着产业链成熟度提升，电子电气架构朝着集中化方向演进，摄像头产品的成本将逐渐下滑，从而有利于摄像头方案的推广。预计车载摄像头的销售均价的降幅将从 2020 年的 -20% 收敛到 2025 年的 -10%。

① 产业新方向：车内监控推动车内摄像头配置。

车内监控：目前以 DMS（驾驶员监测系统）为主，少数厂商扩展至 OMS（乘客监测系统）。随着自动驾驶级别的提升，主动式 DMS 系统开始放量，但实际搭载率仍处于较低水平。

DMS 现状：仍停留在预警阶段，且实际搭载率较低。由于成本、技术成熟度、消费者接受度和量产计划等综合原因，DMS 目前的装机量很低，远没有自适应巡航控制系统和倒车环境辅助系统等功能普及。根据高工智能汽车研究院测算，国内市场在售车型的 DMS 配置占比仅为 15.16%，实际搭载率更是低至 10% 左右。其中，接近 90% 的功能方案为被动式 DMS。

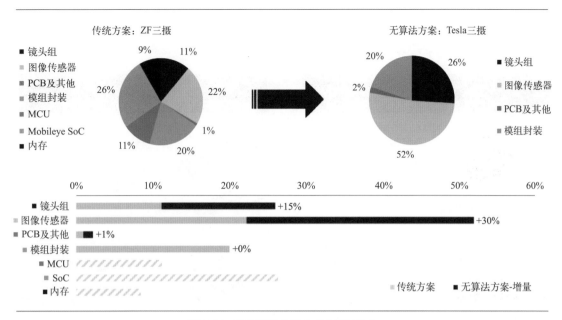

图 2-47 车载摄像头行业成本结构分布

DMS 发展趋势：和 ADAS 功能相结合，实现车内车外安全一体化，见图 2-48。驾驶员在半自动驾驶过程中往往会过度依赖 ADAS 的安全功能，从而导致危险的驾驶行为，此时则需要 DMS 对驾驶员进行预警。同时，ADAS 可以通过 DMS 检测到的驾驶员状态进行实时的自动化操作。ADAS 和 DMS 结合既可以确保检测到正确的驾驶员状态，也能对 ADAS 功能激活和失效进行阈值设置，实现了车内车外安全一体化。目前，ADAS 在 DMS 中渗透率仍较低。

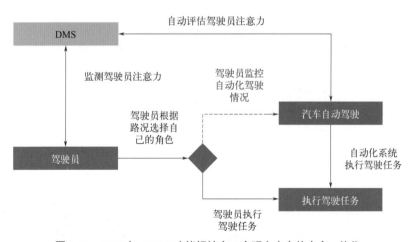

图 2-48 DMS 与 ADAS 功能相结合，实现车内车外安全一体化

② 扩展至 OMS：OMS（occupancy monitoring system，乘客监测系统）是 DMS 的延伸。与 DMS 相比，OMS 可以实现提醒驾驶员检查后座、提醒乘客系安全带以及检测儿童是否遗留在车内等功能。目前，有厂商成功推出 OMS 方案，如法雷奥公司推出基于视觉技术的后排

监控方案，Xperi 子公司 DTS 推出 OMS 方案 DTS AutoSense。图 2-49 所示为 DMS 与 OMS 的差异。

图 2-49　DMS 与 OMS 的差异

法律法规的要求是车内配置监控器件的主要驱动因素。疲劳驾驶和分心驾驶是交通事故的重要原因，驾驶员驾驶状态不佳引发的交通安全问题逐渐受到各国政府关注。

内视摄像头：对视角和清晰度的要求更严格，单车用量最高可提升至 6 颗。

车载前视、环视、内视和后视摄像头因功能应用不同，在对摄像头的要求上存在差异。内视摄像头需要识别驾驶员的手势和表情：因为手部动作范围比较广，所以对摄像头的角度要求会更严格；表情识别或者虹膜识别则比较精细，范围小，更加注重摄像头的清晰度。车内监控带来的车载摄像头增量需求为单车 1 ～ 6 颗。当车内监控系统为 DMS 时，内视摄像头的需求为 1 颗；当车内监控系统为 OMS 时，Eyeris 公司在 CES 2019 展览会中的演示总共使用了 5 颗摄像头：前风挡顶部有 3 颗摄像头，第 4 颗面向驾驶员，第 5 颗位于车舱顶部中间位置。该系统可以用最多 6 颗摄像头来进行乘员监控。

预计至 2025 年，国内车载摄像头市场规模将达到 227 亿元，2020—2025 年的市场规模 CAGR 为 30%。图 2-50 所示为国内车载摄像头市场规模测算（含预测值）。

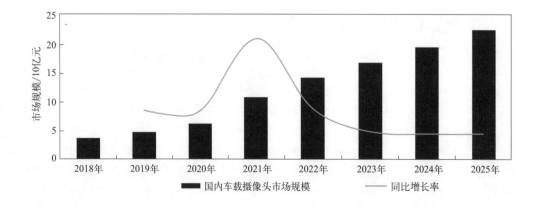

	2018年	2019年	2020年	2021年	2022年	2023年	2024年	2025年
乘用车								
乘用车销量/万辆	2367	2144	2018	2361	2479	2553	2604	2656
同比增长率		−9.4%	−5.9%	17.0%	3.0%	3.0%	3.0%	3.0%
新能源车销量/万辆	105	106	122	182	248	319	417	531
同比增长率		0.9%	14.8%	40.0%	30%	30%	30%	30%
新能源车ADAS渗透率	28%	34%	42%	52%	62%	71%	79%	87%
新能源单车搭载摄像头数量	2	2.5	3	4	5	6	7	8
国内新能源车摄像头需求量/万个	58	90	154	378	768	1359	2304	3697
传统燃油车销量/万辆	2262	2038	1896	2179	2231	2234	2187	2125
同比增长率		−9.9%	−7.0%	14.9%	2.4%	0.1%	−2.1%	−2.9%
传统燃油车ADAS渗透率	22%	32%	40%	52%	64%	75%	85%	95%
传统燃油车单车搭载摄像头数量	1.5	1.7	2	2.8	3.6	4.4	5.2	6
国内传统燃油车摄像头需求量/万个	746	1091	1517	3173	5140	7372	9668	12111
乘用车摄像头需求量/万个	805	1182	1671	3551	5909	8731	11972	15809
同比增长率		47%	41%	113%	66%	48%	37%	32%
国内单车搭载摄像头数量	0.3	0.6	0.8	1.5	2.4	3.4	4.6	6.0
同比增长率		62%	50%	82%	58%	43%	34%	29%
商用车								
商用车销量/万辆	437	431	509	458	481	495	510	525
同比增长率		−1.2%	17.9%	−10.0%	3.5%	3.5%	3.5%	3.5%
ADAS渗透率	20%	30%	45%	90%	100%	100%	100%	100%
商用车单车搭载摄像头数量	1.5	2	3	4	4.5	5	5.5	6
商用车摄像头需求量/万个	131	259	687	1648	2163	2476	2804	3151
同比增长率		98%	165%	140%	31%	14%	13%	12%
市场整体								
国内车载摄像头总需求量/万个	936	1440	2357	5199	8072	11207	14777	18959
同比增长率		54%	64%	121%	55%	39%	32%	28%
国内单车搭载摄像头数量	0.3	0.6	0.9	1.8	2.7	3.7	4.7	6.0
同比增长率		68%	67%	98%	48%	35%	29%	26%
ASP/(元/个)	385	326	261	209	178	151	133	119
同比增长率		−15%	−20%	−20%	−15%	−15%	−12%	−10%
国内车载摄像头市场规模/100万元	3600	4700	6154	10858	14329	16909	19619	22656
同比增长率		31%	31%	76%	32%	18%	16%	15%

图 2-50　国内车载摄像头市场规模测算（含预测值）

（4）CIS 摄像头需求端新增亮点

图像传感器是车载摄像头模组的核心所在。预测在剥离计算功能的方案下，图像传感器在镜头模组中的成本占比约 50%。目前 CMOS 是主流的车载摄像头感光元件方案。相比于 CCD 感光元件，CMOS 的成像质量略逊一筹，但成本低、更省电，因此在像素要求不高的车载摄像头领域广受青睐。

CIS 制造产业链主要细分为设计、代工和封装测试三个环节，最后由模组厂采购组装，整合入摄像头模组，再出售给下游应用厂商。按技术来看：背照式（BSI）和堆栈背照式（Stacked-BSI）技术已成为主流，未来向多层堆叠 BSI 和混合堆叠 BSI 发展。表 2-10 所示为 CIS 主要技术方向对比。

（5）光学部件产业链

镜头组中的光学部件（主要包括镜片、滤光片、保护膜）在摄像头所生成的图像质量方面起到了关键作用。镜头主要用于将图像聚焦到传感器上，为此，镜头需要具备照亮整个摄像头传感器区域的能力，以免所生成的图像出现阴影或渐晕。

表2-10　CIS 主要技术方向对比

项目	前照式（FSI）	背照式（BSI）	堆叠式 BSI-2	堆叠式 BSI-3
示意图				
晶圆片数	1	1	2	3
金属连接层位置	基板上方	基板下方	基板下方	基板下方
入射光角度	小	大	大	大
受光面积/效率	小	中	大	大
DRAM 层	无	无	无	有
成本	低	中	高	高
代表产品	思比科SP5408	豪威 OS08A10	索尼IMX586、三星GW2、豪威 OV488	索尼 IMX345/IMX400/IMX445

① 国产替代正当时。在光学部件环节，国内的舜宇光学（镜片）、水晶光电（滤光片、保护膜）、欧菲光（滤光片）、海泰（保护膜）等企业正在向海外龙头企业发起挑战，在国内造车新势力崛起的背景下，有望乘车载之东风，引领光学部件环节的国产替代。

② 模组封装。车载摄像头模组的封装工艺难度高于手机，预计将保有较高的业务利润率。与手机摄像头的功能诉求不同，车载摄像头首要需保障驾驶安全，对其在驾驶期间、不同工作环境下的使用稳定性有较高的要求。相比其他领域，车载摄像头的产品安全标准更高，生产技术要求更高，工艺难度大。相比手机摄像头，车规级摄像头应具备耐高温、防磁、抗震、使用寿命长等特性。图 2-51 所示为车规级摄像头性能要求。

图 2-51　车规级摄像头性能要求

第 3 章

激光雷达

本章主要讲述激光雷达基本原理、特点与参数、工程应用、产业链等内容，并介绍激光雷达的标定技术。

3.1 激光雷达概述

3.1.1 激光雷达的作用与发展历程

激光雷达（LiDAR）通过发射激光，根据反射激光的时间差来探测物体的距离，探测距离可达 300m，工作频率一般在 100000GHz 量级，波长集中在 600 ～ 1000nm 之间。其波长短、精度高，可以探测物体距离和表面形状，测量精度可达厘米级。此外，它还可用于车辆定位，自动驾驶汽车定位，除了依赖 GNSS 系统，还依赖激光雷达生成的点云与数据库中的高精地图做对比，从而得出汽车所在精确位置，精度可达厘米级。

激光雷达的优势在于能够很好地探测障碍物的距离、大小、表面形状，提高了障碍物检测的准确性，算法比摄像头更为简单，抗有源干扰能力强，定向性好，测量距离远，用时短，大多数整车厂、一级供应商认为激光雷达是 L3 及以上级别自动驾驶必备的传感器。当然它也存在一定劣势，包括在雨雪云雾天气下信号衰减严重，后期处理需要大量的坐标系转换，对硬件（CPU、GPU、FPGA）要求高，技术门槛和成本较高。

激光雷达以高频发送一个或多个激光束，并使用飞行时间（ToF）原理测量距离。激光雷达捕捉环境的高分辨率点云，可用于目标检测以及映射环境。激光雷达使用与 ToF 传感器相同的原理，但作用在更远的距离上：近场最小 75m，远场最小 150 ～ 200m。激光雷达的近场和远场是指激光雷达输出光束的两个不同的区域：

在激光雷达输出光束的较小区域，距离激光雷达发射口的距离小于激光雷达输出光束的波长，此区域被称为激光雷达的近场。

而在激光雷达输出光束的较大区域，距离激光雷达发射口的距离大于激光雷达输出光束的波长，此区域被称为激光雷达的远场。

图 3-1、图 3-2 所示为三维点云测距技术。

图 3-1 三维点云测距技术（一）

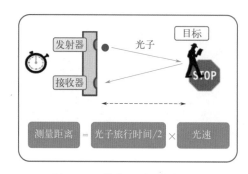

图 3-2 三维点云测距技术（二）

图 3-3 所示为成像雷达与非成像雷达分类。

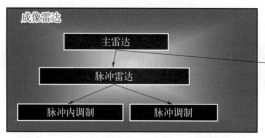

图 3-3 成像雷达与非成像雷达分类

图 3-4 所示为成像雷达与 ADAS 功能。

图 3-4 成像雷达与 ADAS 功能

USRR—超程雷达；BSD—车辆盲点检测；ACC—自适应巡航控制；RCTA—后交叉交通警报；SRR—短程雷达；LCA—变道辅助；AEB—自动刹车辅助；AVP—自动代客泊车；LRR—远程雷达；RCW—后部碰撞警告；FCW—前方碰撞警告；PA—泊车辅助

激光雷达行业具有较高的技术水准与技术壁垒，并同时具有技术创新性强与产品迭代速度快的特征。表 3-1 所示为激光雷达行业发展历程。

表 3-1 激光雷达行业发展历程

时期	激光雷达行业特点	主要应用领域	标志性事件
1960 年代~ 1970 年代	随着激光器的发明，基于激光的探测技术开始得到发展	科研及测绘项目	1971 年，阿波罗 15 号载人登月任务使用激光雷达对月球表面进行测绘
1980 年代~ 1990 年代	激光雷达商业化技术起步，单线扫描式激光雷达出现	工业探测及早期无人驾驶项目	Sick(西克) 与 Hokuyo(北洋) 等激光雷达厂商推出单线扫描式 2D 激光雷达产品
2000 年代~ 2010 年代早期	高线数激光雷达开始用于无人驾驶的避障和导航，其市场主要由国外厂商占据	无人驾驶测试项目等	DARPA 无人驾驶挑战赛推动了高线数激光雷达在无人驾驶中的应用，此后 Velodyne 深耕高线数激光雷达市场多年。Ibeo LUX 系列产品包含基于转镜方案的 4 线及 8 线激光雷达。基于 4 线版本，2010 年 Ibeo 与法国 Tier1 公司 Valeo(法雷奥) 开始合作开发面向量产车的激光雷达产品 SCALA
2016 年~ 2018 年	国内激光雷达厂商入局，技术水平赶超国外厂商、激光雷达技术方案呈现多样化发展趋势	无人驾驶、高级辅助驾驶、服务机器人等，且产业链下游开始有商用化项目落地	2017 年 4 月，禾赛科技发布 40 线激光雷达 Pandar40。采用新型技术方案的激光雷达公司同样发展迅速，如基于 MEMS 方案的 Innoviz，基于 1550nm 波长方案的 Luminar 等
2019 年至今	市场发展迅速，产品性能持续优化，应用领域持续拓展。激光雷达技术朝向芯片化、阵列化发展，境外激光雷达公司迎来上市热潮，同时有巨头公司加入激光雷达市场竞争	无人驾驶、高级辅助驾驶、服务机器人、车联网等	Ouster 推出基于 VCSEL 和 SPAD 阵列芯片技术的数字化激光雷达。禾赛科技应用自主设计的芯片组 (发射芯片和接收芯片) 于多线机械转式产品。2020 年 9 月 Velodyne 完成 NASDAQ 上市，2020 年 12 月 Luminar 完成 NASDAQ 上市

　　激光雷达经历了 60 年左右的发展历程，其技术不断进步并呈现多样化发展趋势。2016 年后无人驾驶行业高速发展，激光雷达行业也随之进入迅速发展期。从应用领域来看，激光雷达应用范围进一步得到拓展，新基建中的车联网为激光雷达带来了新的应用场景。

　　表 3-2 所示为不同应用场景对激光雷达的需求。

表3-2 不同应用场景对激光雷达的需求

	比较维度	无人驾驶	高级辅助驾驶	机器人
应用场景	场景复杂度	高（L4/L5）	中（L2/L3，功能开启场景有限）	低 / 中（封闭园区，应用较多）
				高（城市道路，应用较少）
	承载装置行驶速度	中（城市道路）	中（城市道路）	低（封闭园区）
		高（高速场景）	高（高速场景）	中（城市道路）
对激光雷达的要求	最远测距要求	远	中 / 远（取决于 ADAS 功能）	中 / 远（取决于应用场景）

续表

比较维度		无人驾驶	高级辅助驾驶	机器人
对激光雷达 的要求	与承载装置的外观集成度	低	高	中
	价格敏感度	低	高	中/高
	对激光雷达供应商的 算法需求度	低	高	低
	车规化要求	中（当前）/高（预期）	高	低

除了无人驾驶，面向乘用车的前装高级辅助驾驶系统（ADAS）、服务型机器人、车联网（V2X）等领域也是激光雷达当前或者近期的重要市场。

这里尤其值得一提的是 ADAS 领域，随着整车厂商在这方面的需求提升，激光雷达的需求正迎来前所未有的高增长时刻。

3.1.2 激光雷达技术分类

按照扫描方式有无机械转动部件，激光雷达可以分为机械式、混合固态式、纯固态式。混合固态式分为 MEMS 式、转镜式，纯固态式分为光学相控阵（OPA）式、Flash 式。按照测距原理，激光雷达可分为飞行时间（ToF）测距式和调频连续波（FMCW）式。ToF 式与 FMCW 式能够实现室外阳光下较远的测距（100～250m），这是车载激光雷达的优选方案。表 3-3、表 3-4 所示为按照扫描方式与测距原理两种方式分类的激光雷达特点。

表 3-3　不同种类激光雷达基本特点（按扫描方式分类）

种类	适合测距	体积	量产成本	可靠性	技术成熟度
机械式	中远距离	大	机械机构复杂，成本很难下降	不可靠	高
转镜式	中远距离	小	较低	可靠	中
MEMS 式	中远距离	小	较低	可靠	中
Flash 式	近距离	较小	低	可靠	中
OPA 式	中远距离	最小	目前很高，未来可能很低	最可靠	低

表 3-4　不同种类激光雷达基本特点（按测距原理分类）

项目	ToF 测距式	FMCW 式
优势	响应快、探测精度高、廉价光源 可实现	发射功率低、信噪比高，对人眼安全，对探测器要求低，抗干扰；长远看，适合芯片集成，有望低成本量产
劣势	易受太阳光子和其他激光雷达的干扰， 不适合 OPA 光源	对激光源要求高、供应商少且技术成熟度低，导致成本较高，旁瓣干扰、轻微延迟
探测器	APD、SPAD	PIN PD
技术成熟度	高	低
应用厂商	所有	Aeva、Aurora

MEMS 式工作原理：通过 MEMS（micro-electro-mechanical system，微机电系统）微振镜来代替传统的机械式旋转装置，由微振镜反射激光形成较广的扫射角度和较大的扫射范围。MEMS 将机械微型化，扫描单元变成了 MEMS 微振镜。微振镜的驱动方式中，静电、电磁方式更为成熟、广泛应用。

但也要注意微振镜技术的门槛：

① 属于振动敏感性器件，而且 MEMS 材料的属性会随温度的变化而变化，影响微小活动部件的运动特性，车规级较难实现；

② 激光雷达需要设计偏转角度更大的 MEMS，同时要求镜面尺寸尽可能大，但这会降低良率，加大成本；

③ MEMS 代工资源较少：台积电安排产能少，只能找有 MEMS 的 IDM 厂或非主流代工厂。

图 3-5 所示为 MEMS 激光雷达工作原理。表 3-5 所示为微振镜不同驱动方式的特点。

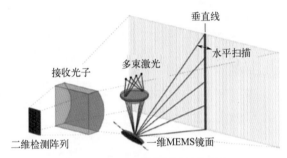

图 3-5 MEMS 激光雷达工作原理

表 3-5 微振镜不同驱动方式的特点

驱动方式	驱动原理	驱动电压	驱动力	谐振频率	扫描范围	功耗
静电	平行板电容或梳齿电容，产生静电驱动力	高	小	高	小	低
电磁	磁性薄膜或者永磁体与驱动电流产生电磁驱动力	低	大	高	大	低
电热	加热驱动结构产生的热膨胀差异，结构变形产生驱动力	低	中	低	大	中
压电	压电材料在逆压电效应下发生形变产生驱动力	高	大	高	小	低

综合来看，由混合固态过渡到纯固态激光雷达是未来的技术发展路线，短期内采用转镜式、MEMS 式，中长期采用 OPA 式。此外，飞行时间（ToF）测距式处于行业主流地位，未来随着 FMCW 激光雷达整机和产业链上游的成熟，两者将并存。

3.1.3 激光雷达系统的组成与参数

图 3-6 所示为常见车载激光雷达系统。

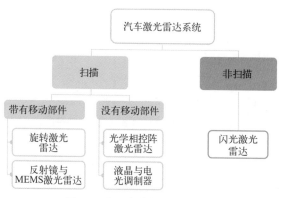

图 3-6　常见车载激光雷达系统

图 3-7 所示为激光雷达核心模块。

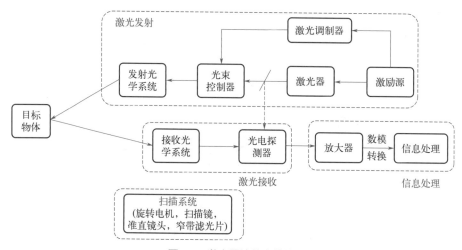

图 3-7　激光雷达核心模块

　　激光雷达的显性参数包含测远能力、点频、角分辨率、视场角范围、测距精度、测距准度、功耗、集成度（体积及重量）等，如表 3-6 所示。

表 3-6　激光雷达显性参数

参数	描述	说明
测远能力	一般指激光雷达对于低反射率（10%）（标准朗伯体反射能量的比例）目标物的最远探测距离	激光雷达测远能力越强，距离覆盖范围越广，目标物探测能力越强，留给系统进行感知和决策的时间越长。目标物反射率影响探测距离：相同距离下，反射率越低，越难进行探测
点频	激光雷达每秒完成探测获得的探测点的数目	点频越高说明相同时间内的探测点数越多，对目标物探测和识别越有利
角分辨率	激光雷达相邻两个探测点之间的角度间隔，分为水平角度分辨率与垂直角度分辨率	相邻探测点之间角度间隔越小，对目标物的细节分辨能力越强，越有利于进行目标识别
视场角范围	激光雷达探测覆盖的角度范围，分为水平视场角范围与垂直视场角范围	视场角越大，说明激光雷达对空间的角度覆盖范围越广

续表

参数	描述	说明
测距精度	激光雷达对同一距离下的物体多次测量所得数据之间的一致程度	精度越高，表示测量的随机误差越小，对物体形状和位置的描述越准确，对目标物探测越有利
测距准度	测距值和真实值之间的一致程度	准度越高，表示测量的系统误差越小，对物体形状和位置的描述越准确，对目标物探测越有利
功耗	激光雷达系统工作状态下所消耗的电功率	在探测性能类似的情况下，功耗越低说明系统的能量利用率越高，同时散热负担也更小
集成度	直观体现为产品的体积和重量	在探测性能类似的情况下，集成度越高，搭载于车辆或服务机器人时灵活性越高

3.2 激光雷达的不同技术路线对比

3.2.1 单线与多线

激光雷达按照扫描线数来分，分为单线激光雷达和多线激光雷达。

单线激光雷达是指激光源发出的线束是单线，扫描出来就是一个二维平面的图（2D 激光图），目前主要应用于机器人领域，以服务机器人（如常见的扫地机器人、送餐机器人以及酒店服务机器人）居多，可以帮助机器人规避障碍物。相比多线激光雷达，单线激光雷达在角频率及灵敏度上反应更快，扫描速度、分辨率、可靠性高，所以，在检测周围障碍物时更加精准，同时成本更低。但单线激光雷达只能进行平面式扫描，不能测量物体高度。

多线激光雷达是指同时发射及接收多束激光的激光旋转测距雷达，市场上目前有 4 线、8 线、16 线、32 线、64 线、96 线、128 线等类型。多线激光雷达可以识别物体的高度信息，并获取周围环境的 3D 扫描图，主要应用于无人驾驶领域。对于激光雷达而言，线束越多，对目标物的刻画越详细。

在无人驾驶领域，多线激光雷达主要有以下两个核心作用：

① 3D 建模及环境感知：通过多线激光雷达可以扫描得到汽车周围环境的 3D 模型，运用相关算法对比上一帧及下一帧环境的变化，能较为容易地检测出周围的车辆及行人。

② SLAM（即时定位与地图构建）定位加强：SLAM 是其另一大特性，通过实时得到的全局地图与高精度地图中的特征物进行比对，能加强车辆的定位精度并实现自主导航。

对于激光雷达而言，视场角（field of view，FOV）越大，能够探测的范围越广。多线激光雷达中，机械式水平视场角为 360°，混合固态 / 固态激光雷达水平视场角大约为 120°，垂直视场角为 25°～ 40°。图 3-8 所示为单线（2D）激光雷达原理。

图 3-9 所示为多线（3D）激光雷达光线图。其中，"30m@10%"意思是激光雷达发射光束到 30m 的距离，可以看清光线反射率最低 10% 的物体。

图 3-8　单线（2D）激光雷达原理

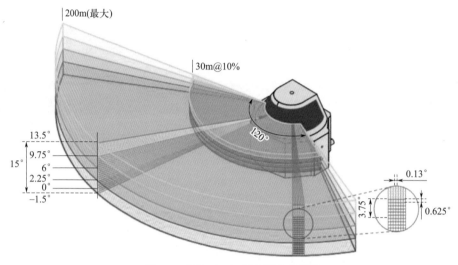

图 3-9　多线（3D）激光雷达光线图

图 3-10 为单线扫描与多线扫描示意图。

图 3-11 所示为水平与垂直视场角。

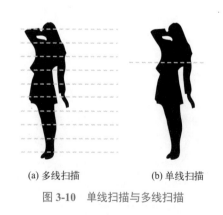

(a) 多线扫描　　　(b) 单线扫描

图 3-10　单线扫描与多线扫描

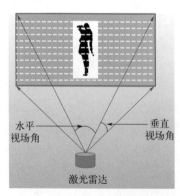

图 3-11　水平与垂直视场角

3.2.2　ToF 与 FMCW

激光雷达测距方法可以分为飞行时间（ToF）测距法、基于相干探测的 FMCW 测距法，以及三角测距法等。其中，ToF 与 FMCW 测距法在室外阳光环境下探测距离远（100 ～ 250m），更适合应用于车载激光雷达。目前市场上车载中长距激光雷达的主流测距方案是 ToF；FMCW 激光雷达大多处于概念机的阶段，而且大多采用分立的光学组件，分立组件通常尺寸较大，随之而来的还有系统可靠性、生产成本、功耗等诸多方面的问题，但 FMCW 激光雷达具有可直接测量速度信息以及抗干扰（包括环境光和其他激光雷达的干扰）的优势。当前装载激光雷达的车辆并不多，随着激光雷达渗透率提升，FMCW 抗干扰的优势就体现出来。此外，整机与产业链上游日渐成熟，亦将带动成本下降，因此 FMCW 激光雷达是未来发展的一大趋势。表 3-7 所示为 ToF 与 FMCW 两种测距方案的性能对比。

表 3-7　ToF 与 FMCW 性能对比

性能	ToF	FMCW
探测机制	直接探测	相干探测
抗干扰能力	差	极强
有效探测所需光子数	1000	10
工作距离	探测距离较近	可实现远距离探测
人眼安全等级	低	高
精确速度信息	无	有
固态扫描兼容性	不适用	完全兼容
毫米波雷达兼容性	不兼容	兼容
技术成熟度	成熟	发展中
技术复杂度	简单	复杂
硅光集成制造工艺	适用	适用
成本	低	高

3.2.3　EEL 与 VCSEL

对于激光雷达而言，发射光源有很多种。按工作介质不同，激光雷达分为固体激光雷达、气体激光雷达、染料激光雷达、半导体激光雷达、光纤激光雷达和自由电子激光雷达 6 种。固体激光雷达脉冲功率大，转换效率最低（10%）。气体激光雷达效率低（20%）、功率低、体积庞大，但是可靠性好、光束质量高。半导体激光雷达光束质量较差，但是转换效率高（30% ～ 40%），功耗、体积和成本都适合车载应用。如果对光束质量要求高，则可以采用半导体泵浦的光纤激光雷达（转换效率 20% ～ 30%）。目前常见的几种光源主要包括半导体激光雷达、固体激光雷达以及光纤激光雷达等。

固体激光雷达采用固体激光材料作为增益介质。这是闪光式激光雷达（flash LiDAR）技术路线的激光光源方案，能够实现大角度视场（如 125°×25°），并且均匀照射，满足车规级温度、振动、寿命等方面的可靠性要求。

半导体激光雷达采用半导体材料（一般是 GaAs、AlGaAs、InGaAs 等）作为增益介质，常见的有边发射激光雷达（EEL）和垂直腔面发射激光雷达（VCSEL）。EEL（edge emitting laser）是一种激光发射方向平行于晶圆表面的半导体激光雷达，波长以 905nm 为主，常见于扫描式激光雷达，包括机械式和 MEMS 激光雷达。VCSEL（vertical-cavity surface-emitting laser）是一种以半导体为基础的激光二极管，从其顶面垂直发射高效光束，制造工艺与 EEL 相兼容，且大规模制造的成本很低，其结构更易于提高输出功率，还为各种复杂设计提供了可能，当前波长以810nm、850nm 和 940nm 为主。

光纤激光雷达采用掺稀土元素玻璃光纤作为增益介质，一般用作 1550nm 波长激光雷达光源，配合调频连续波（FMCW）技术，不仅可以检测距离，同时可以利用多普勒频移来测量物体的速度。

传统的 VCSEL 存在发光功率密度低的缺陷，导致只在对测距要求近（通常小于 50m）的应用领域有相应的激光雷达产品。近年来，国内外多家 VCSEL 生产商纷纷开发了多结 VCSEL，将其发光功率密度提升了 5～10 倍，这为应用 VCSEL 开发长距激光雷达提供了可能。此外，VCSEL 体积小，结合其平面化所带来的生产成本和产品可靠性方面的收益，VCSEL 未来有望逐渐取代 EEL。表 3-8 所示为 EEL/VCSEL/ 光纤激光雷达对比。

表 3-8　EEL/VCSEL/ 光纤激光雷达对比

项目	EEL	VCSEL	光纤激光雷达
综合性能	均衡主流	低成本	高性能
探测距离	中	近	远
信号性能 (噪声、谱宽、抗干扰)	中	中	好
阵列规模	小 (巴条)	大 (面阵)	无
成本	中	低	高
体积	中	小	大
LiDAR 工作机制	脉冲 / 连续波	脉冲 / 连续波	脉冲 / 连续波
适用激光雷达类型	机械式、MEMS 式、Flash 式	机械式、Flash 式	FMCW 式 1550nm
供应商	Osram	Lumentum	上海瀚宇

目前 EEL 仍占据市场主流。根据相关机构数据，2020—2026 年，全球 EEL 市场规模预计将从 29 亿美元增长到 67 亿美元，复合年均增长率（CAGR）为 15%。其中，光通信领域市场规模最大，预计将从 17 亿美元增长到 47 亿美元，CAGR 为 18%；显示、传感、医疗和照明领域预计将从 5 亿美元增长到 12 亿美元，CAGR 为 15%。

随着汽车激光雷达的市场需求增长，多结 VCSEL 阵列成为全球主要厂商的重点布局产品。相比单结 VCSEL，多结 VCSEL 的优势在于：

① 提升 PCE（电光转换效率），降低功耗；

② 提供更高的功率密度，对光学系统设计更加友好；

③ 提高效率，对激光驱动器更加友好；

④ 提供更高的峰值功率，扩大测距工作范围；

⑤ 降低激光雷达的每瓦成本（cost per Watt）。

根据相关机构数据，2021—2026 年，全球 VCSEL 市场规模预计将从 12 亿美元增长到 24 亿美元，CAGR 为 13.6%。其中，手机等消费电子领域市场规模最大，预计将从 8.0 亿美元增长到 17 亿美元；汽车领域市场规模不大，但是增速最高，预计将从 110 万美元增长到 5700 万美元，CAGR 为 121.9%。

3.2.4　905nm 波长与 1550nm 波长

由于要避免可见光过强对人眼的伤害，激光雷达激光波长有两种选择，包括 1000nm 内的与 1000nm 以上的。1000nm 内的波长典型值是 905nm，可以用 Si 做接收器，成本低且产品成熟，尺寸也相对较小，这是大多数激光雷达厂商更倾向的选择；但是其抗天气干扰能力偏弱，对雨雾的穿透力不足，最重要的是 905nm 激光源在人眼安全方面存在风险。在实际使用过程中，如果要提升激光雷达的探测距离，就必须提高发射激光的功率，从而发射更强的光脉冲，虽然 905nm 激光属于不可见光，但当其直射人类眼球，并具有足够的能量时，就会损伤人类的视网膜。因此，以 905nm 激光为激光源的激光雷达，必须在探测距离与人眼安全之间进行权衡。

由于透镜会将激光聚焦到眼睛的视网膜上而引起潜在危险，即使在较低功率下，905nm 及更短波长的准直激光束，对行人也是有风险的。在 1550nm 波段，大部分光在到达视网膜之前就会被眼球的透明部分吸收，这降低了对视网膜的损害。所以，波长 1550nm 的光比 905nm 的光可发射更大功率。

但是 1550nm 激光雷达无法采用常规的硅吸收，而需要用到更加昂贵的 InGaAs 材质，因此在价格上较 905nm 激光雷达会贵出很多。

3.3　激光雷达应用

3.3.1　激光雷达应用图示

图 3-12 所示为激光雷达点云图示例。

图 3-12　激光雷达点云图示例

图 3-13 所示为激光雷达创新应用场景图示例。

图 3-13　激光雷达创新应用场景图示例

图 3-14 所示为激光雷达分辨率与测距示例。

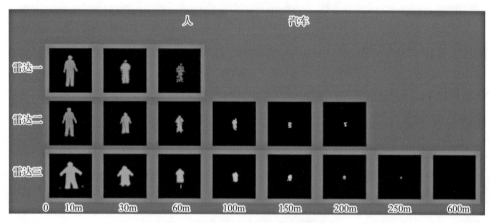

图 3-14　激光雷达分辨率与测距示例

图 3-15 所示为激光雷达点云与视频融合示例。

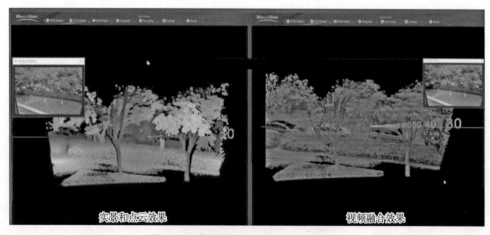

图 3-15　激光雷达点云与视频融合示例

具有 InGaAs 接收阵列以及配套光学和硬件核心技术的激光雷达的结构如图 3-16 所示。

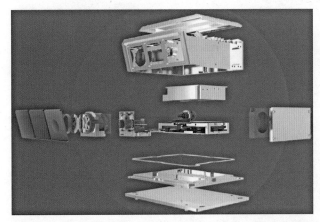

图 3-16　具有 **InGaAs** 接收阵列以及配套光学和硬件核心技术的激光雷达的结构

3.3.2　激光雷达为自动驾驶困境提供解决方案

（1）自动驾驶困境

激光雷达是自动驾驶汽车的一双眼睛。目前自动驾驶仍面临一些困境：

① 自动驾驶技术发展快于法规，自动驾驶技术尚不成熟，安全事故频发，大部分消费者在心理上对自动驾驶仍有恐惧和疑虑。

② 自动驾驶对传统的摄像头等传感器、处理器、算法、高清地图等的依赖性很强。

（2）应对自动驾驶困境的激光雷达方案

激光雷达可以提供精准的 3D 测量数据，即使在恶劣的天气和光照条件下也是如此。激光雷达可以与毫米波雷达、摄像头等传感器数据结合，为车辆在行驶环境中提供静态和动态物体的可靠数据，有助于障碍物检测、避免碰撞和安全导航；并且激光雷达是一个高度可用、可量产的解决方案。激光雷达的以下特性将有助于解决自动驾驶困境。

① 分辨率和精确度：在车辆自动行驶中，产生大量的可靠测量数据，精确到厘米级别，清晰识别物体；

② 工作环境：不受外界环境变化干扰，能够在恶劣的天气和光线下正常工作，保障车辆自动行驶过程中的安全；

③ 反应速度：发射光脉冲，通过往返时间计算距离，周围行人和物体皆可探测，实时感知四周环境，做出及时判断。

提供高性能、全固态和低成本的激光雷达系统，助力先进辅助驾驶和自动驾驶技术发展和产品应用。图 3-17 所示为激光雷达性能优化技术。图 3-18 ～图 3-22 所示为激光雷达方案示例。

有些堆积物因自身松散等原因造成其表面无法立杆测量，使得传统测量方法难以进行。两种比较有代表性的激光雷达方案分别是：大型堆体体积测量、车载散货体积测量。面积适中时可采用单台激光雷达，面积过大时可采用多台激光雷达，如图 3-21、图 3-22 所示。

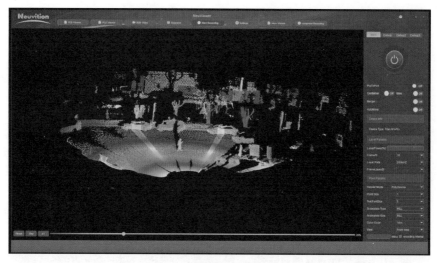

图 3-17　激光雷达性能优化技术

先进辅助驾驶　　　汽车自动驾驶

区域巴士自动驾驶　　　卡车自动驾驶

图 3-18　激光雷达方案示例（一）

图 3-19　激光雷达方案示例（二）

图 3-20　激光雷达方案示例（三）

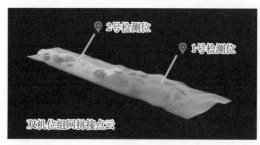

(a) 大型堆体体积测量

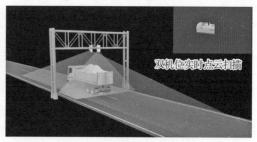

(b) 车载散货体积测量

图 3-21　激光雷达方案示例（四）

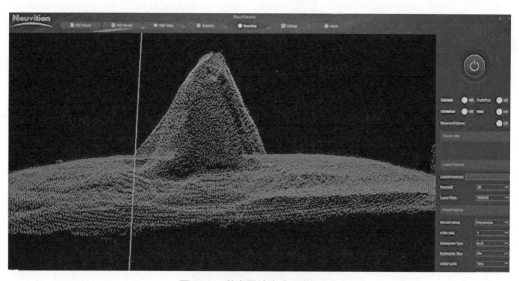

图 3-22　激光雷达方案示例（五）

3.4 激光雷达标定

与摄像头相似，激光雷达也有内部参数、外部参数（简称内参、外参）。激光雷达内参是指内部激光发射器坐标系与激光雷达自身坐标系的转换关系。内参在激光雷达出厂之前就已经标定好了，因此只需要标定激光雷达的外参，即激光雷达坐标系和车体坐标系的转换关系。

3.4.1 单线激光雷达标定

单线激光雷达一般安装在汽车前保险杠附近，如图 3-23 所示。其中下角标 1 对应激光雷达坐标系，v 对应车体坐标系。

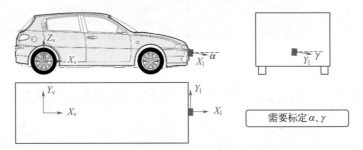

图 3-23　单线激光雷达在车身位置

车体坐标系：以车辆后轴中心为原点，垂直于地面向上为 Z 轴正方向，平行于地面且与车头朝向一致为 X 轴正方向，平行于地面且朝向车身左侧面为 Y 轴正方向。激光雷达坐标系也大体如此。

由于激光雷达的安装误差等因素，激光雷达坐标系与车体坐标系的坐标轴存在角度偏差。由于单线激光雷达与车体坐标系原点的距离和垂直高度差可以直接测量出来，需要标定的是单线激光雷达的俯仰角 α 以及侧倾角 γ。l_{AB} 表示图 3-24 中线段 AB 的长度，l_{EF} 表示线段 EF 的长度，则有：

$$\gamma = \arccos \frac{l_{AB}}{l_{EF}}$$

图 3-24　激光雷达标定侧倾角示意图

（1）激光雷达侧倾角的标定

先来标定激光雷达的侧倾角 γ。

如图 3-24 所示，用矩形板 ABCD 来标定激光雷达的侧倾角，激光雷达的线束在板上扫描出来的点构成线段 EF，也正是侧倾角的存在才使得这条线段并不与水平面平行。线段 EF 与水平线段 EG 的夹角，就是激光雷达的侧倾角。那么该如何求这个侧倾角？激光雷达获取的数据是极坐标系下的目标距离和目标角度，可以通过解析激光雷达的数据包，得到线段 OF、OE 以及 $\angle EOF$ 的大小，于是就可以根据余弦定理求得线段 EF 的大小，进而可求得侧倾角的大小。

（2）激光雷达俯仰角的标定

图 3-25 所示为俯仰角标定示意图。

第一种情况：暂不考虑侧倾角的影响，即假设激光雷达坐标系的 Y 轴与水平面平行且垂直向外，X 轴与水平面有一定夹角，如图 3-23 所示。

标定矩形板在位置 1，激光雷达中央线束与其交点位于 A 点，将标定矩形板移至位置 2，激光雷达中央线束与其交点位于 B 点，由图可获得线段 AC、BC 的大小，因此就可求得 α。

但是实际标定俯仰角时，往往需要考虑侧倾角的影响，这便是第二种情况。图 3-26 所示为考虑侧倾角时的标定示意图。

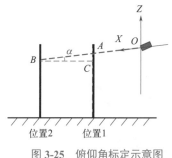

图 3-25　俯仰角标定示意图

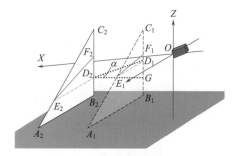

图 3-26　考虑侧倾角标定示意图

将等腰直角三角形标定板放置在位置 1，再放置在位置 2，激光雷达在标定板上扫描出来的点构成线段 E_1F_1、E_2F_2，水平线段是 D_1E_1、D_2E_2。因此激光雷达的侧倾角为 $\angle F_1E_1D_1$、$\angle F_2E_2D_2$。过 D_2 作一条直线与位置 1 的标定板交于 G 点，因此不难得出激光雷达的俯仰角。

以上便是单线激光雷达的标定过程。

3.4.2　多线激光雷达标定

多线激光雷达一般安装在汽车车顶位置，激光雷达坐标系与车体坐标系如图 3-27 所示。与摄像头外参标定类似，激光雷达外参也是通过两个坐标系的转换关系来标定的。

图 3-27　多线激光雷达安装示意图

假设有一点 P 在车体坐标系 $O\text{-}X_vY_vZ_v$ 下的坐标为 $P(x,y,z)$，在激光雷达坐标系下的坐标为 $P'(x',y',z')$，则坐标系转换如图 3-28 所示。其中，**R** 为旋转矩阵，**T** 为平移向量。

● 方法
纸箱法

● 具体步骤
1. 在水平地面上摆放正方体纸箱，采集激光雷达数据。
2. 获得纸箱顶点的激光雷达坐标系坐标。
3. 通过测量得到纸箱顶点的车体坐标系坐标。
4. 将纸箱顶点的坐标代入至坐标变换方程，求出旋转矩阵和平移向量。

$$\begin{bmatrix} x \\ y \\ z \end{bmatrix} = \boldsymbol{R} \begin{bmatrix} x' \\ y' \\ z' \end{bmatrix} + \boldsymbol{T}$$

图 3-28　激光雷达标定坐标系转换示意图

为车辆添加障碍物检测模块，障碍物检测模块可以使用激光雷达进行物体聚类，但是使用的是 16 线的 Velodyne 雷达，线数还是有些稀疏，而对于较远的物体，过于稀疏的线数的聚类效果并不好。因此，考虑使用视觉传感器进行目标检测，然后投影到 3D 点云里面，获取障碍物位置，同时视觉传感器还可以给出障碍物类别信息。使用视觉传感器进行目标检测，将检测结果 2D 边界框坐标信息投影到点云里面获得 3D 边界框坐标，这里需要将摄像头和激光雷达进行联合标定，即获取二者坐标系的空间转换关系。

（1）联合标定转换关系

联合标定的作用就是建立点云的点（point）和图像像素（pixel）之间的对应关系，需要获取摄像头与激光雷达外参，将点云三维坐标系下的点投影到摄像头三维坐标系下。还需要通过摄像头标定获得摄像头内参，把摄像头三维坐标系下的点投影到成像平面。具体如图 3-29 所示。

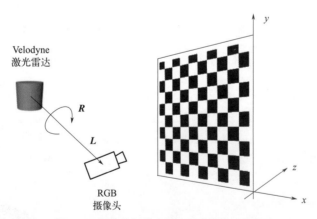

图 3-29　摄像头与激光雷达联合标定示意图

图 3-29 显示的就是联合标定得到的 4×4 转换矩阵的作用。摄像头标定中会得到摄像头内参矩阵和畸变系数：畸变系数可以用于消除摄像头凸透镜的畸变效应，摄像头内参矩阵就可以用于将摄像头坐标下的三维点投影到二维的像素平面。

（2）摄像头标定

摄像头标定需要一个标定板，如硬质板，因为要保证标定板的平面是平的。标定板的文件可以到 OpenCV 官网下载。首先做摄像头标定，摄像头标定模块在 detection/calibration/camera_ calibration 上编译：

```
cd your_rosworkspace_path/
catkin_make
-DCATKIN_BLACKLIST_PACKAGES=ndt_mapping；static_map；ndt_localization
```

这里先不编译 "ndt_mapping" "static_map" "ndt_localization" 这三个软件包，如果出错，可以先编译消息文件，再编译全部文件：

```
catkin_make
-DCATKIN_WHITELIST_PACKAGES=smartcar_msgs；yunle_msgs；smartcar_config_msgs
catkin_make -DCATKIN_WHITELIST_PACKAGES=
```

然后要修改 detection/ 标定 /camera_ 标定 /nodes 文件夹下面 python 文件的可执行权限：

```
sudo chmod a+x your_path/detection/ 标定 /camera_ 标定 /.
```

启动摄像头驱动节点：

```
roslaunch cv_camera cv_camera_driver.launch
```

这里注意自己的摄像头 video_id，使用如下命令查看：

```
ls /dev/video*
```

根据需要修改 "your_path/driver/cv_camera/launch/cv_camera_driver.launch" 里面的 "<param name=device_id type=int value=1/>"。

新开一个终端，执行：

```
rosrun 标定 cameracalibrator.py --square 0.13 --size 8x6
image:=/cv_camera/image_raw
```

然后就可以进行标定了，弹出的界面如图 3-30 所示。

图 3-30　联合标定弹出界面

需要做的就是移动标定板，让右上角的四个条都变绿（图中显示绿色是已经调好了，未调整时是偏黄色），X 代表左右移动，Y 代表上下移动，Size 代表远近移动，Skew 代表倾斜侧角（可以上下倾，也可以左右倾）。只有当四个尺度的信息都满足要求之后，右侧的标定图标才会显示出来，代表可以计算标定结果了，点击 CALIBRATE，然后点击 SAVE，标定结果会保存在 home 文件夹下面。

（3）视觉与点云信息融合

有了联合标定的外参文件，就可以进行信息融合了。信息融合主要有两个模块：点云到图像、图像到点云。

摄像头与激光雷达之间的外部标定研究正朝着更精确、更自动、更通用的方向发展，由于很多方法在标定中采用了深度学习，因此大大减少了对场景的限制。然而，数据驱动方法具有传输能力低的缺点，除非进行额外的训练，否则它无法适应数据集的变化。随着基础模型的出现，这个问题可以得到有效解决：通过使用分割任意模型（segment anything model，SAM），形成了一种新的激光雷达 - 摄像头标定方法，该方法不需要额外的训练，并适用于常见场景。通过初始猜测，并最大化投影在每个图像掩模内的点的一致性来对外参进行优化。一致性包括点云的三个属性：强度、法向量和从一些分割方法中导出的类别。在不同数据集上的实验证明了这个方法的通用性和准确性。

摄像头和激光雷达是自动驾驶汽车中两种主要的传感器。这两种传感器的互补性，使它们成为许多感知任务，如深度补全、目标检测和物体跟踪的首选组合。为了融合这两个传感器的数据，进行时间同步和空间标定是必不可少的。这里关注的是外部标定，即获得摄像头坐标系和激光雷达之间的变换矩阵，包括旋转矩阵和平移矩阵。外部参数的准确性从根本上限制了数据融合的准确性，因此，很多研究者从不同的角度努力处理这个问题。早期的方法使用了具有特殊模式的人工目标，这些模式很容易被检测到，它以降低灵活性为代价实现高精度。由于外参在日常使用中略有漂移，因此需要一种无条件、更自动的方法来重新标定，为此，一些方法利用了自然场景中的几何特征，如线条和消失点，这些特征通常存在于结构化场景中。为了进一步消除场景的约束，基于学习的方法在大规模数据集的帮助下走上了舞台，它适用于一般场景，并实现了高精度。

与传统方法相比，只要存在正交关系，SAM 方法对场景的适应性就更高。与基于学习的方法相比，SAM 方法不需要在标记良好的大型数据集上进行额外的训练。与其他基于分割的方法相比，SAM 方法避免了在图像片段和点云之间找到确定的对应关系，因为这种对应关系总是不明确的，或者只能在特定类型的目标中捕捉。

3.4.3　常用的一些标定方法

一般来说，激光雷达和摄像头之间的标定方法可以分为基于目标和无目标两类。在这里更多地关注无目标的方法，这些方法几乎不需要手工操作。传统的方法包括使用线等几何特征、最大化互信息和自运动估计，通过利用大规模数据集，开发了基于学习的方法，以提供相当准确的标定结果，几乎不需要场景，大致分为回归和分割类型。

（1）基于目标的方法

这类方法需要人工目标，这些目标在颜色、形状和反射率上总是与众不同的，以便于提取图像和点云中的特征，如带有特定图案的矩形板。由于矩形的水平边缘可能与激光雷达扫描不相交，因此还使用了其他形状的物体，如球体、多边形板。通过在点 - 点或点 - 平面之间建立强的对应关系，这类方法通常实现了高精度，但需要一定的人工干预。

（2）无目标的方法

这类方法不需要人工目标，而是在自然场景中寻找几何特征，最常用的特征是线或边。一般有两个步骤：首先，通过边缘检测器或分割来检测图像中的线，点云中的线主要由距离不连续和强度差获得；然后，根据线的位置、强度和影响范围，对齐线之间的对应关系。除了直线特征外，还使用消失点来估计旋转矩阵，它需要在场景中至少有两个视觉呈现。

为了减少对场景的依赖，一些方法利用互信息来测量多模态配准，包括梯度、点云的强度和图像的灰度值。虽然上述方法需要相互可视的区域，但基于运动的方法分别估计每个传感器的自运动，并通过手眼模型解决外在问题或最小化投影误差，视觉里程计和激光雷达的结果基本上限制了标定的准确性。

（3）基于学习的方法

基于学习的方法的简单范例：使用端到端网络来估计输入 RGB 图像和深度图像的外部参数。RegNet 设计空间首先引入卷积神经网络（CNNs）来回归 6 自由度（6DoF）参数。为了提高模型的泛化能力，在损失函数中加入了几何约束。

CalibNet 是一个自监督的深度网络，能够实时自动估计激光雷达和 2D 摄像头之间的 6 自由度刚体转换关系。CalibNet 通过最大化图像和点云的几何和光度一致性来训练其网络，而 RegNet 考虑了黎曼几何，并利用深度网络生成模型。

LCCNet 为基于成本容量网络的激光雷达和摄像头外参自标定网络。LCCNet 利用成本 - 体积层进行特征匹配，并预测从初始标定到真实数据的去校准偏差。

尽管有端到端网络，但基于学习的分割仍被用作管道的一部分。一些工作分别对图片和点云进行语义分割，然后在 2D 和 3D 点中匹配一类目标的质心。由于点云的稀疏性，还有一些研究工作将多帧激光雷达数据组合在一起，需要高精度的定位设备。由于点云分割的困难，一些方法只对图像进行分割。采用实例分割的方法获得目标边缘，并通过深度不连续性定义损失函数。这些方法的一个问题是，网络只能预测特定类别的目标，从而建立有限的对应关系。此外，基于学习的方法的另一个常见问题是不适应数据集的变化。

（4）新提出的方法

整个过程可以分为三个部分。对于图像分割，使用 SAM 来生成整个图像的掩模；对于点云，通过法线估计、简单的分割方法和强度归一化来生成每个点的相应属性；然后进行优化，目标是使落在一个掩模上的点具有接近的属性值，这里设计了一个评分函数来评估一致性，进行几轮搜索以获得最终结果。图 3-31 显示了新提出方法的操作流程。

图 3-31　操作流程

（5）数据预处理

图像预处理：首先将 SAM 应用于整个图像，以获得区分目标的多个掩模。由于使用点云的一致性，希望分割更加详细，因此调整 SAM 的超参数以获得具有较少重叠区域的更多掩模。掩模被注释为 $M=\{M_i\,|\,i=0,1,\cdots,N\}$，每个掩模都是与图像大小相同的二进制矩阵，值 $M_i\,(u,v)\in\{0,1\}$ 表示像素（u,v）是否属于分段 i。

点云预处理：预处理分为三个部分，即法线估计、强度归一化和分割。对于法线估计，有许多方法可以直接使用。在这里选择一个简单的，对于应用来说已经足够了。曲面上点的法线近似为与曲面相切的平面的法线，平面法线可以通过特征向量和特征值的分析或根据查询点的多个最近邻创建的协方差矩阵的主成分分析（PCA）来估计，K-d 树数据结构用于有效的 K 近邻（KNN）搜索。在点云强度范围根据激光雷达类型不同而不同的情况下，通过比例因子对点云的强度进行归一化，用于随后的一致性计算。除了这两个属性之外，还对点云进行了简单的分割。首先通过 RANSAC 算法应用平面拟合来提取场景中的大平面，如地面和墙壁。然后，将一些欧氏聚类应用于剩余的点云，得到车辆和树木等单个目标的聚类，给这个点指定一个数字，表示它属于哪个类。

点云中某个点的最终属性可以表示为图 3-32。

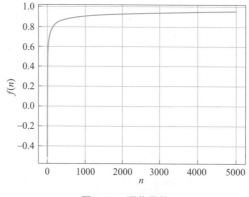

图 3-32　调节函数

注：$n\in[1,+\infty)$，$f(n)\in(0,1)$

3.4.4 外部搜索

对于每个外部，可以计算一致性得分来评估图像和点云之间的对齐，然后可以通过对它的初步猜测来搜索最佳的外部。有两个步骤：首先，使用相关搜索，只校准它的旋转；然后，在较小的范围内应用随机搜索来细化旋转和平移。因为平移误差通常很小，对投影的影响很小，所以只在强力搜索阶段改变旋转。创建一个 Tinit 类，用于初始化公共部分。对于 Tinit 的初始猜测，首先计算它的分数部分，假设分数部分的变量为 sinit，然后在初始值附近 $[-A, A]$ 范围内对 3 个自由度旋转参数的增量进行均匀采样，步长为 s。如果获得更高的分数，则外部参数将被更新。在细化阶段，以固定次数在较小范围内随机采样 6 自由度外部参数的增量。

（1）实验分析

在两个数据集上进行了实验：数据集 1 基于 KITTI 数据集里程计基准，数据集 2 是自己的数据集，由 HESAI Pandar64 激光雷达和彩色摄像头收集（FOV=60°）。

（2）定性结果

在这一部分中，将标定前后的投影可视化，以定性地显示提出的方法的效果，给定一个误差约为 5°的初始外部参数，该算法可以将其校正回右投影，如图 3-33 所示。

(a) 校准前   (b) 校准后

图 3-33　校准前后的投影（初始的表面误差约为 3°）

将外部搜索方法与其他基于分割的方法，在 L2 损失和 Huber 损失度量方面的准确性进行了比较，如表 3-9 所示。

表 3-9　定量评估结果

方法	数据集	L2 损失		Huber 损失	
		$\overline{\|\Delta t\|}$	$\overline{\|\Delta \alpha\|}$	$\overline{\|\Delta t\|}$	$\overline{\|\Delta \alpha\|}$
其他方法	数据集 1	20.2cm	0.34°	20.3cm	0.33°
外部搜索方法	数据集 1	10.7cm	0.174°	10.4 cm	0.168°
	数据集 2	12.8 cm	0.203°	12.6 cm	0.200°

　　这是一个基于 ROS 的单线激光雷达和摄像头外参数自动标定技术，ROS 是用于编写机器人软件程序的一种具有高度灵活性的软件架构。标定原理如图 3-34 ~ 图 3-39 所示，摄像头通过二维码估计标定板平面在摄像头坐标系下的平面方程，由于激光点云落在平面上，将点云通过激光雷达坐标系到摄像头坐标系的外参数转换到摄像头坐标系，构建点到平面的距离作为误差，使用非线性最小二乘法进行求解。

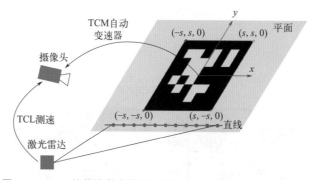

图 3-34　**ROS** 的单线激光雷达和摄像头外参数自动标定技术（一）

图 3-35　**ROS** 的单线激光雷达和摄像头外参数自动标定技术（二）

3.4.5　激光雷达与摄像头的时空标定

　　激光雷达与摄像头做紧耦合融合时，需要对外参进行标定，下面首先介绍一些标定时常用的开源工具箱。

图 3-36 ROS 的单线激光雷达和摄像头外参数自动标定技术（三）

图 3-37 ROS 的单线激光雷达和摄像头外参数自动标定技术（四）

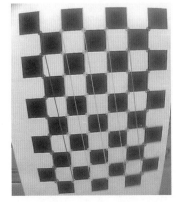

图 3-38 ROS 的单线激光雷达和摄像头
外参数自动标定技术（五）

图 3-39 ROS 的单线激光雷达和摄像头
外参数自动标定技术（六）

（1）2D 激光雷达标定（表 3-10）

表 3-10　2D 激光雷达标定工具箱

工具箱	说明
旷世：CamLaserCalibraTool	标定摄像头与 2D 激光雷达； 摄像头与雷达需要有共视区域
ROS: Laser Camera 标定	可以求解时间偏差
kalibr_calibrate_imu_camera_laser	很容易改成 3D 激光雷达与摄像头标定； 不要求具备共视区域； 可以标定出摄像头与雷达之间的时间戳偏移

（2）3D 机械式激光雷达标定（表 3-11）

表 3-11　3D 机械式激光雷达标定工具箱

工具箱	说明
Laser-Camera- 标定 -Toolbox	Matlab 版本； 需要手动缩放，并选择落在棋盘格上的激光点； 采集一次数据就能完成标定
swyphcosmo/ros-camera-lidar- 标定	手动选择 6 对匹配点（激光雷达坐标系的 3D 点和图像坐标系下的 2D 点）进行标定
ethz-asl/lidar_align	3D 激光雷达与 6 自由度姿态传感器（如 MCS），不需要标定板； 需要满足非平面运动，要求包含大量的旋转和平移运动； 对于地面车辆标定，将造成高度方向的外参不可观测
camera-laser- 标定	利用标定板的几何性质来进行图像点与激光点的匹配； 图像中心：使用的是一个 apriltag 视觉基准系统，计算四个角点的像素坐标，再利用两条直线的交点，得到中心点的坐标； 激光点的标定板上的中心位置：先使用 PCL 分割平面，再计算平面上所有激光点位置的平均值，作为中心点坐标； 每采集一次数据就得到一对匹配点，所以多次移动标定板的位置，得到尽可能多的匹配点，再通过 PnP 求解外参数矩阵方法得到二者的外参
autoware	视觉激光雷达信息融合与联合标定
APRIL-ZJU/lidar_IMU_calib	用于标定 IMU 与激光雷达的外参，通过 IMU 进行中转，即可得到摄像头与雷达的外参
but_ 标定 _camera_velodyne	最低 32 线激光雷达，以便算法检测 3D 标签
apollo 3D lidar 与 imu 标定	轨迹要求：走八字，拐弯半径尽可能小
lidar_imu_calib	仅标定 IMU 与 3D 激光雷达的外参旋转
multi_sensor_ 标定	标定外参：3D 激光雷达，毫米波雷达及摄像头
Camera-lidar-joint- 标定	标定摄像头与 3D 激光雷达，Matlab 版本； 通过在点云中识别出标定板，根据标定板的规格，算出每个角点的 3D 位置，然后通过 TCL 测速方法求解外参矩阵

（3）3D 固态激光雷达标定

① Livox_automatic_calibration 工具箱：一种多激光雷达外参自动标定算法开源工具箱，基于 Matlab 的图形用户界面，用于从摄像头外参到激光测距仪的简单标定。

② 3D 激光雷达和摄像头外部标定：以 Basler 摄像头和 Velodyne VLP-32 激光雷达之间的标定为例，所使用的方法相当基础，并适用于任何类型的 3D 激光雷达和摄像头。采用从点到面的优化方式，如图 3-40 所示。

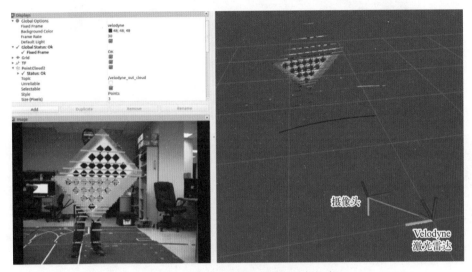

图 3-40　3D 激光雷达和摄像头外部标定

（4）使用 3D-3D 点对应的激光雷达 - 摄像头标定

这是一种较新的方案，用以找到精确的刚体变换，用于激光雷达和摄像头外参校准。该方案使用激光雷达和摄像头中的 3D-3D 点对应，并给出封闭形式的解决方案，相关代码以 ROS 的形式作为开源软件提供。这是一种 ICP 迭代优化的点对的方式，示例如图 3-41 与图 3-42 所示。

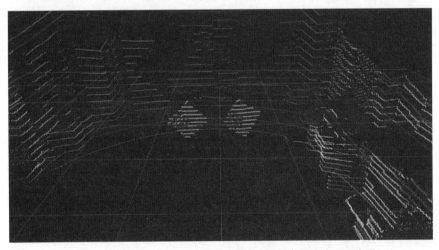

图 3-41　使用 3D-3D 点对应的激光雷达 - 摄像头标定点云示意图

图 3-42 使用 3D-3D 点对应的激光雷达 - 摄像头标定环境示意图

（5）使用 3D 激光雷达与全景摄像头的棋盘格联合自动标定

采用一个开源 Python 代码，基于激光反射强度，联合 3D 激光雷达和摄像头对外参进行全自动和精确的校准。实现的主要功能包括：

① Velodyne 3D 激光雷达获取的点云的自动分割；

② 棋盘的自动检测；

③ 棋盘点云的角点自动检测；

④ 外参校准的优化。

图 3-43 所示为使用 VTK Python 包装器实现三维点云的各种可视化。

图 3-43 使用 VTK Python 包装器实现三维点云的各种可视化

（6）使用直线与平面对应的摄像头和 3D 激光雷达的自动化标定

这是一种估计激光雷达和摄像头之间外参的算法，使用相似性转换可以简化校准过程；同时，由于棋盘格尺寸的测量误差，可将激光雷达测量转换为米制测量的固有比例因子，估计比例可以产生更准确的结果。通过仿真和实验验证了算法的有效性。与纯平面算法相比，本算法可以通过更少的姿态数获得更精确的结果。图 3-44 所示为使用直线与平面对应的摄像头和 3D 激光雷达的自动化标定。

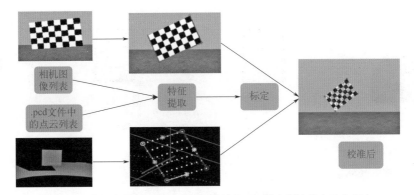

图 3-44　使用直线与平面对应的摄像头和 3D 激光雷达的自动化标定

（7）基于目标的 3D 激光雷达到摄像头的改进标定

这是一种新的估计激光雷达和摄像头外参的方法。与基本的方法对比而言，本方法中激光雷达到摄像头的投影误差减少了 50% 以上，其方差减少了 70%。该方法的另外两个优点是：

① 它不需要从固有噪声点云中估计目标法向量；

② 它避免了边缘点的识别及其与目标特定侧面的关联，结合较低的均方根误差和方差，可能为当前基于目标的外参校准方法提供一种较好的替代方案。

图 3-45 所示为基于目标的三维激光雷达到摄像头的改进标定。

图 3-45　基于目标的三维激光雷达到摄像头的改进标定

（8）非重复扫描固态激光雷达和摄像头系统自动化标定

固态激光雷达（SSL）的快速发展，使得从环境中低成本、高效率地获取三维点云成为可能，从而出现了大量的研究和应用。然而，其扫描方向的不均匀性和测距误差分布的不一致性给其标定任务带来了挑战，因此有研究者提出了一种用于非重复扫描和全自动摄像头校准方法，如图 3-46 所示。其中，输入 $\{Q_1, Q_2, \cdots, Q_T\}$ 是 SSL 的传入帧，S_c 表示根据使用的校准目标的几何参数构建的标准模型，C_{std} 是根据 S_c 生成的角点，$\mathcal{L}$ 是用于优化 3D 角点位置的相似性测量函数。

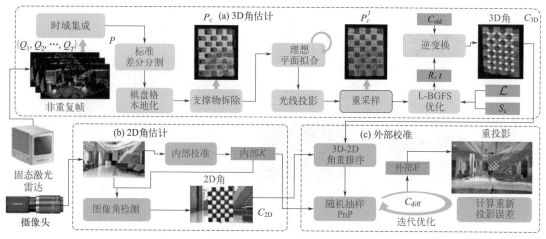

图 3-46　建议的校准方法

（9）激光雷达校准、摄像头设置外参自动化标定

这种方法用来校准激光雷达与单目或立体摄像头的外参。该过程分为两个阶段：首先，从待校准传感器提供的数据中提取自定义目标的参考点；然后，通过两个点集的配准找到最佳刚体变换，所提出的方法可以处理具有不同分辨率和位姿的设备。经评估，该校准算法明显优于现有的方法，根据实际数据的测试效果证实了该方法的有效性。图 3-47 所示为激光雷达校准、摄像头设置外参自动化标定。

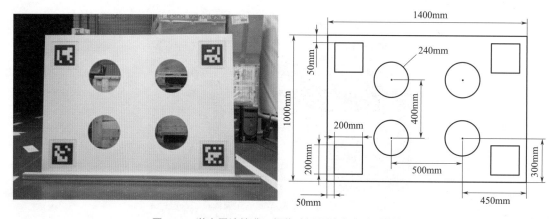

图 3-47　激光雷达校准、摄像头设置外参自动化标定

（10）激光雷达与摄像头外参标定

现在的激光雷达与摄像头的标定程序基本都是 Ubuntu 框架下面的，并且都是 C++ 代码，需要安装的内容也比较复杂。因此，本书给出一个 Python 版本的标定程序（右侧二维码），Windows 系统也可以运行，并且代码简单，一个文件搞定，符合 Python 简单易行的风格。

标定的思路比较简单：

① 手动在图像上选取 N 个标定点；

扫码下载代码

（Open 3D Python）

② 手动在点云上选取 N 个标定点（每个点都对应图像上的点，顺序也要一致）；

③ 通过 PnP 算法计算出二者的旋转投影矩阵，也就是外参矩阵。

3.5 激光雷达产业链

激光雷达行业的产业链上游主要包括激光雷达和探测器、FPGA 芯片、模拟芯片供应商，以及光学部件生产和加工商。激光雷达产业链下游按照应用领域主要分为无人驾驶、高级辅助驾驶、服务机器人和车联网行业。

从国外产业链与国内产业链比较的角度来看，国外激光雷达产业链上游公司由于起步更早，所以积累更为深厚，尤其是在底层光电器件以及芯片领域。国外激光雷达产业链下游企业在商业化进度方面也更成熟。然而，国内激光雷达行业的上游（供应商）、下游（客户）近几年均发展迅速，有望对国外实现逐步赶超。

图 3-48 所示为激光雷达产业链。

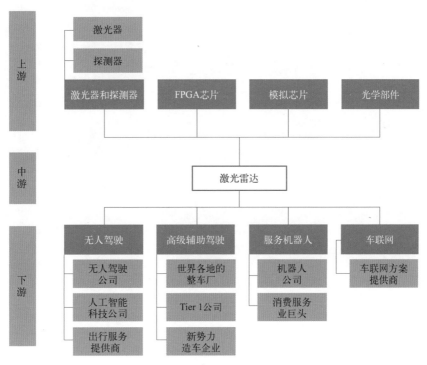

图 3-48　激光雷达产业链

从产业链方面来说，激光雷达在测距原理、激光发射、激光接收、光束操纵及信息处理等五个方面均存在不同技术路线，技术创新可改善性能并降低成本。目前的趋势是：

① 测距原理：FMCW 方案，将长期与飞行时间法共存。

② 激光发射：VCSEL 推动量产降本，905nm、1550nm 波长光源或将共存。

③ 激光接收：主流使用 APD、SPAD 或 SiPM 替代成共识。

④ 光束操纵：机械式成熟度最高，近年来 ASP 显著降低；混合固态式最快"上车"成共识，MEMS、转镜方案放量在即；固态式成熟度低，长期有望成主流。

⑤ 信息处理：主控芯片标配为 FPGA，长期或与 SoC 共存。

从产业链角度看，激光雷达三大核心元器件为激光发射器、光电探测器及光束操纵元件，主要由海外光电子巨头垄断，国产替代正起步。其中，国内已有部分公司产品获得车规认证（AEC-Q102），在面向国内激光雷达厂商需求上也有一定的定制化、成本优势，长期来看有望实现国产替代。

4D 毫米波雷达

本章主要讲述 4D 毫米波雷达原理、相关技术方法、感知应用、定位和地图应用、未来发展趋势等内容。

毫米波雷达是工作在毫米波段的雷达。通常毫米波处于 30 ~ 300GHz 频域，波长为 1 ~ 10mm。常见的 24GHz 电磁波虽然频段上不属于毫米波，但传播特性与毫米波很像，所以常被当成毫米波来研究和使用。

同厘米波雷达相比，毫米波雷达具有体积小、易集成和空间分辨率高的特点；与摄像头、激光雷达等光学传感器相比，毫米波雷达穿透雾、烟、灰尘的能力强，抗干扰能力强，具有全天候（大雨天除外）、全天时的特点。

近年来，毫米波雷达以其性能优势，成为了热门的应用技术之一。其广泛应用于汽车、安防监控、智慧康养、智能家居等领域。图 4-1 所示为毫米波雷达应用示例。

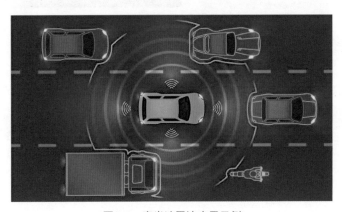

图 4-1　毫米波雷达应用示例

 ## 4.1　4D 毫米波雷达概述

以安全、便捷、舒适为目的的自动驾驶技术正在快速发展。要实现高水平的自动驾驶，环境感知、定位和地图绘制能力至关重要。因此，自动驾驶汽车上的传感器，如摄像头、激光雷达和毫米波雷达，以及相关算法，正吸引着越来越多的研究者。

在各种传感器中，毫米波雷达凭借其公认的小型、低成本、全天候运行、良好的测速能力和在远距离分辨率等方面的优势，广泛应用于自动驾驶。然而，传统的毫米波雷达，也称为 3D 毫米波雷达，在测量目标仰角方面表现出较弱的性能，并且它们的数据通常只包括距离、方位和速度信息。此外，3D 毫米波雷达存在杂波、噪声严重和分辨率低的问题，特别是在角度维度上，进一步限制了其在复杂感知任务中的适用性。

能够测量目标的距离、方位、仰角和速度的 4D 毫米波雷达，引起了自动驾驶界的极大兴趣。这归功于其在极端环境中的稳健性，以及卓越的速度和高程测量能力。然而，尽管传感理论和应用研究进展迅速，但对 4D 毫米波雷达的研究却明显不足。为了促进该领域的未来研究，下文将对 4D 毫米波雷达在自动驾驶中的应用进行探讨。

4D 毫米波雷达是 3D 毫米波雷达的改进版本。4D 毫米波雷达的原始数据量远大于传统雷达，这对信号处理和数据生成提出了挑战。4D 毫米波雷达点云的稀疏性和噪声比激光雷达点云更严重，因此需要仔细设计感知、定位和映射算法。

4D 毫米波雷达技术的一个案例是 Oculii Eagle 4D 毫米波雷达，当与 Ouster 128 通道激光雷达进行对比时，它展示了出色的能力，例如可使用点云进行长距离探测，如图 4-2 所示。

(a) Oculii Eagle 4D毫米波雷达　　　　　　(b) 点云

图 4-2　Oculii Eagle 4D 毫米波雷达及其点云

4.2　4D 毫米波雷达的信号处理流程

4D 毫米波雷达的传统信号处理流程和相应的数据格式如图 4-3 所示。

步骤 1：由发射（TX）天线发射毫米波。在到达目标之后，波被反射到接收（RX）天线。大多数 4D 毫米波雷达的波形是调频连续波（FMCW），与其他波形相比，提供了优越的分辨率。

步骤 2：每个 TX-RX 对由混频器混合。

步骤 3：由模数转换器（ADC）转换成数字形式，产生原始 ADC 数据。

在原始 ADC 数据的矩阵中，坐标轴分别表示工作周期和帧内的采样时间戳，而每个矩阵元素的值对应于反射信号的强度。工作周期内的采样旨在计算距离信息，也称为快速时间采样。帧内的采样旨在推导多普勒信息，因此被称为慢时间采样。

步骤 4：依据距离和多普勒维度，应用二维快速傅里叶变换（FFT）来构建距离 - 多普勒（RD）图，其轴是距离和多普勒速度。

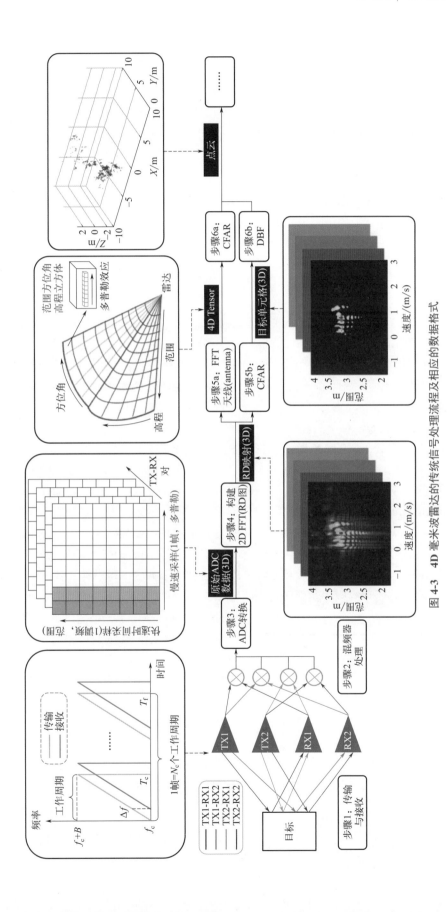

图 4-3 4D 毫米波雷达的传统信号处理流程及相应的数据格式

在 FMCW 雷达发射天线的每个工作周期（即 chirp）中，信号的频率随着起始频率 f_c、带宽 B、频率斜率 S 和持续时间 T_c 线性增加。通过测量接收信号的频率，可以得到目标的距离 r：

$$r = \frac{ct}{2}, \quad t = \frac{\Delta f}{S} \tag{4-1}$$

式中，t 是发射和接收信号之间的时间间隔；c 是光速；Δf 是发射信号和接收信号之间的频率差。同时，FMCW 雷达的一帧包含 N_c 个工作周期与持续时间 T_f。为了避免相邻工作周期之间的干扰，发射和接收信号被认为在同一个工作周期内，因此，4D 毫米波雷达的最大无模糊检测范围受到 T_c 的限制。以德州仪器公司的 AWR1843 为例，其 T_c =0.33μs，因此其最大无模糊范围为 50m。假设目标在一帧中的距离是恒定的，则目标的径向相对速度 v 可以通过多普勒效应计算如下：

$$v = \frac{c\Delta f}{2f_c}, \quad t = \frac{\Delta \varphi}{2\pi T_c} \tag{4-2}$$

其中，第一个方程是多普勒效应公式。上式中，Δf 和 $\Delta \varphi$ 分别是相邻两个工作周期的接收信号之间的频率和相位漂移。很明显，距离和多普勒分辨率取决于 f_c、T_c、N_c 等。

然而，尽管 RD 图提供了不同范围和速度的信号强度，但它没有指定方位角和仰角，其复杂的结构使数据难以理解。为了解决这一问题，可采用两种常用的信号处理方法来区分具有高强度的真实物体并获得点云。

第一种方法（步骤 5a、6a）：

步骤 5a：首先沿着不同的 TX-RX 对进行 FFT，以推断目标的到达方向（DOA），获得 4D 距离方位 - 仰角多普勒张量，而对于 3D 毫米波雷达，结果是 3D 距离方位 - 多普勒张量。4D 张量内的每个单元对应于反射信号的强度。对于 DOA 估计与多输入多输出（MIMO）天线设计，通常应用于 FMCW 毫米波雷达。

如图 4-3 所示，n 个 TX 天线和 m 个 RX 天线形成 $n \times m$ 个虚拟 TX-RX 对。为了确保信号分离，不同的 TX 天线应该发送正交信号。通过分析不同 TX-RX 对之间的相移，可以计算不同 TX-RX 对到同一目标的距离差。此外，通过使用 TX 和 RX 天线的位置布置，可以确定目标的 DOA。

步骤 6a：通常在四个维度中实现恒定虚警率（CFAR）算法，以基于每个单元的强度来过滤张量，从而获得点云格式的真实目标，便于后续应用。CFAR 算法通过将每个小区域的强度与其相邻小区域的强度进行比较，以便设置动态强度阈值，以实现恒定的虚警率效果。

第二种方法（步骤 5b、6b）：在最初替代信号处理工作流程，也使用 CFAR 算法对 RD 图进行滤波，以生成目标小区域（步骤 5b）；然后，在步骤 6b 中使用数字波束成形（DBF），以便恢复角度信息并生成点云。

图 4-4 所示为 4D 毫米波雷达的 DOA 评估原理。

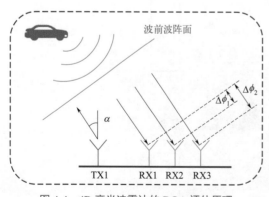

图 4-4　4D 毫米波雷达的 DOA 评估原理

4.3 提高分辨率的方法

4D 毫米波雷达最关键的能力是测量目标的仰角，因此其提高分辨率的关键在于提高仰角分辨率。具体方法可分为硬件和软件两个层面：

① 在硬件层面，增加 TX-RX 对的数量或天线的孔径是提高分辨率的两种主要方法，具体操作包括：

a. 级联：简单地级联几个标准毫米波雷达芯片，可以增加 TX-RX 对，从而提高仰角分辨率。例如，12TX-16RX（192 对）4D 毫米波雷达，可以通过级联四个标准 3TX-4RX（12 对）雷达芯片来完成。这是最直接的方法，但尺寸和功耗也有所增加。

b. 芯片集成：在芯片上集成更多天线是另一种有前景的技术。它有可能取代级联，但天线之间的干扰仍然是一个未解决的问题。

② 在软件层面，通过虚拟地实现硬件改进，或沿着处理流程优化信号处理算法，可以提高雷达分辨率。

a. 虚拟孔径成像：受传统合成孔径雷达（SAR）的启发，试图通过软件设计虚拟地扩大天线的孔径，从而提高仰角分辨率。这种方法在提高仰角分辨率方面有显著效果，但通常需要级联的帮助来降低噪声。

b. 超分辨率：通过创新算法，甚至是基于学习的算法，取代信号处理流程中的 FFT 等传统方法，可以实现超分辨率，也需要进行更深入的研究才能实际应用。

4.4 外部校准

雷达点云相对稀疏，频谱数据不够直观。由于多径效应和杂波干扰，噪声也相当大，给校准带来了挑战。对于 4D 毫米波雷达，更高的分辨率有效应对了这一问题，但仍然缺乏足够稳健的在线校准方法。

继传统的 3D 毫米波雷达校准方法之后，通常使用回复反射器来提高校准精度。通过在特定位置精心放置几个回复反射器，分析 4D 毫米波雷达的传感结果，并将其与激光雷达和相机数据进行比较，可以校准外部参数；可以不用连续校准每个传感器对，而是直接对移动机器人校准所有传感器，实现仅 0.02°的中值旋转误差。

然而，回复反射器在真实场景中的实用性是有限的。近年来，一些研究人员为 4D 毫米波雷达设计了不需要专门放置回复反射器的校准方法。雷达运动测量被用于对雷达或雷达 - 相机对进行校准。这些方法的便利性得到了保证，但仍需在极端天气条件下进行验证。

4.5 基于学习的雷达点云生成

4D 毫米波雷达点云稀疏的一个主要原因是 CFAR 造成的大量信息损失。

为了解决这个问题，越来越多的基于学习的方法被提出来取代 CFAR，并直接与 RD 图或 4D 张量一起应用，以提高 4D 毫米波雷达点云的质量和下游自动驾驶的性能。

一般来说，如果单元是独立且相同分布的，则 CFAR 是一种最优检测算法。然而，由于现实世界中的目标通常具有不同的形状并占据多个单元，CFAR 类型的方法会导致掩蔽效应，降低点云的分辨率并遭受信息丢失。

可将 CNN 应用于 RD 地图，用于多个物体的检测和定位，称为 DRD（深度雷达检测）网。将 RD 图中的目标检测公式化为分割任务，并采用类似于 2D-U-Net 的模型结构。

面对缺乏良好注释的数据集，特别是雷达 RD 图，参考了雷达校准过程，在消声室中布置回复反射器，以收集相应的数据，并将其映射回 RD 图作为标签。实验表明，DRD 网络可以实时运行（推理时间约为 20ms），在检测精度上优于经典方法。然而，由于在消声室中收集的数据与在真实驾驶场景中收集的不同，因此 RD 地图的标记挑战仍然存在，这对多路径反射、干扰、衰减等更具挑战性。为了应对这一挑战，可用激光雷达点云为监督，先后设计基于 U-Net 和 GAN 的网络结构。在复杂的道路场景中，与经典的 CFAR 检测器相比，其生成的 4D 毫米波雷达点云不仅包含更少的杂波点，而且提供了更密集的真实目标点云。

公共数据集在基于 4D 毫米波雷达的算法的发展中，发挥着不可或缺的作用，因为它们为各种算法的开发、基准测试和比较分析提供了重要的平台，从而推动了该领域的研究。4D 毫米波雷达的当前可用数据集总结见表 4-1。

表 4-1　4D 毫米波雷达数据集

数据集	分辨率				全部帧数 /10³	标注帧数 /10³	数据格式	模态	边界框	跟踪 ID	里程计
	水平分辨率	垂直分辨率	范围 /m	速度 /（m/s）							
Astyx	—	—			0.5	0.5	RPC	RCL	3D	√	×
SCORP	15°	30°	12	0.33	3.9	3.9	ADC,RT,RPC	RC	×	×	√
ColoRadar	1°	22.5°	0.12	0.25	108	0	ADC,RT,RPC	RLI	×	×	√
Radatron	1.2°	18°	0.05	—	152	16	ADC	RC	2D	×	×
RADIal	0.1°	1°	0.2	0.1	25	8.3	ADC,RT,RPC	RCL	2D	×	√
RPDNet	14.3°	57.2°	0.03	0.03	28	0	RT	RCLI	3D	×	×
VoD	1.5°	1.5°	0.2	0.1	8.7	8.7	RPC	RCI	3D	√	√
TJ4DRadSet	1°	1°	0.86		40	7.8	RPC	RCL	3D	√	√
K-Radar	1°	1°	0.46	0.06	35	35	RT,RPC	RCLI	3D	√	√
MSC-RAD4R	1°	0.5°	0.86	0.27	90	0	RPC	RCLI	×	×	√
NTU4DRadarLM	0.5°	0.1°	0.86	—	61	0	RPC	RCLIT	×	×	√
双毫米波雷达	1.2°	2°	0.22	—	50	10	RPC	RCL	3D	√	×

注：ADC 代表原始 ADC 数据；RT 代表雷达张量；RPC 代表雷达点云。

公开的 4D 毫米波雷达数据相当罕见，Astyx HiRes 2019 是第一个现有的数据集。免费提供的数据由 500 个同步帧组成，其中包含约 3000 个精确注释的 3D 目标。可以看出，该数据集中的数据量相对较小。

ColoRadar 是一个专门用于定位和测绘研究的数据集，包含来自毫米波雷达、激光雷达和姿态地面实况的大约 2 小时的数据。该数据集收集了室内和室外几种独特环境中的数据，提供了各种各样的传感器数据。

VoD 数据集是一种用于多类 3D 物体检测的新的多传感器汽车数据集，由校准和同步的激光雷达、相机和毫米波雷达数据组成。它包含在复杂城市交通环境中获取的 8693 帧数据，其中包括 123106 个移动和静态目标的 3D 边界框注释，以及每个注释目标的跟踪 ID，这对跟踪很有用。

类似地，TJ4DRadSet 数据集包含 44 个连续序列，总共 7757 个同步帧，使用 3D 边界框和轨迹 ID 进行了良好标记；此外，涵盖了更丰富、更具挑战性的驾驶场景（如城市道路、高速公路、工业园区）片段。

K-Radar 是目前最大的基于 4D 毫米波雷达的大规模数据集，收集了 35000 帧数据（如晴天、雾天、雨天、雪地）。除了 4D 毫米波雷达数据外，K-Radar 还提供高分辨率激光雷达点云、来自 4 个立体相机的环绕 RGB 图像，以及来自 ego 车辆的 RTK-GPS 和 IMU 数据。值得一提的是，K-Radar 是目前唯一一个提供 4D 毫米波雷达张量的数据集。为了便于对各种神经网络结构进行实验，K-Radar 还提供了一个可视化程序来模块化神经网络训练代码。

尽管 4D 毫米波雷达越来越受到学术界的关注，数据集也越来越多，但与视觉传感器或激光雷达相比，数据量仍然不够大。

图 4-5 展示了不同天气条件下不同模态传感器的比较。

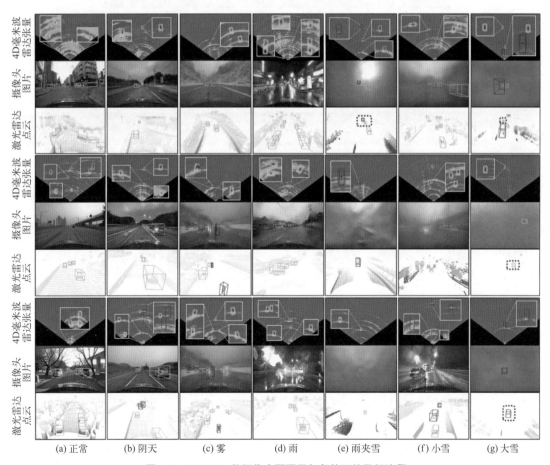

图 4-5　K-Radar 数据集中不同天气条件下的数据注释

然而，图 4-5 中 K-Radar 数据集中使用的 4D 毫米波雷达模型不一致，这使得研究人员很难分析和比较不同 4D 毫米波雷达数据的性能。图 4-6 所示的双雷达数据集包括两种不同类型的毫米波雷达（Arbe Phoenix 和 ARS548 RDI 雷达）数据。在相同的场景中收集来自这两种雷达的点云，可以调查点云中不同稀疏度水平对目标检测性能的影响。这一探索将为自动驾驶汽车领域的 4D 毫米波雷达技术的进一步研究奠定基础。

(a) 摄像头(acA1920-40uc) (b) 激光雷达(RS-Ruby Lite)

(c) 4D毫米波雷达(Arbe Phoenix) (d) 4D毫米波雷达(ARS548 RDI)

图 4-6　双雷达数据集的数据可视化

4.6　感知应用

目前，4D 毫米波雷达的点云密度已经达到了与近光束激光雷达相当的水平，4D 毫米波雷达在低能见度和恶劣天气条件下表现出优越的稳健性。因此，研究人员一直试图将激光雷达点云处理模型转移到 4D 毫米波雷达上，用于目标检测、场景流预测和其他任务。

此外，CFAR 前雷达数据包含更丰富的信息，促使一些研究人员绕过点云生成任务，直接使用 RD 图或 4D 张量。相关工作可以进一步分为仅依靠 4D 毫米波雷达或多模态传感器融合的工作。

（1）仅依靠 4D 毫米波雷达

大多数相关的仅依靠 4D 毫米波雷达的方法都是从激光雷达的方法中推导出来的。然而，由于毫米波雷达的稀疏性和噪声特性，仍然需要特定的网络设计。

① 3D 检测：对于 3D 目标检测任务，根据模型架构的不同，感知方法可以分为基于 CNN 的和基于 Transformer 的。可先将 PointPillars 应用于 4D 毫米波雷达点云，用于多种等级道路的 3D 检测。

可通过时间积分和引入额外的特征（如仰角和多普勒速度）来提高性能。然而，所提出的方法的实现结果，仍然远不如 64 束激光雷达检测器。

RPFA-Net 通过引入雷达柱特征注意力（PFA）模块取得了进展。它利用自注意而不是简化的 PointNet 来提取支柱的全局上下文特征，旨在有效地捕捉长距离信息，提高航向角估计的准确性。

作为集合算子，基于注意力的 Transformer 在处理置换不变性的点集方面具有固有的优势。因此，为了应对 4D 毫米波雷达的稀疏和噪声数据，有研究者提出了一种基于多帧点云的 3D 目标检测框架：首先从点云中获得自车速度和补偿速度信息，然后将附近的帧累积到最后一帧。

除了直接处理雷达点云上的感知任务外，一些研究还将注意力转向了 RD 图或 4D 张量，旨在利用更多潜在的隐藏信息。K-Radar 数据集提出了一种直接使用 4D 张量作为输入的 3D 物体检测，并验证了 4D 张量的高程信息对 3D 物体检测。所提出的模型还证明了基于 4D 张量的感知的鲁棒性，特别是在恶劣天气条件下。

② 场景流量估计：场景流量估计旨在计算 3D 运动向量场，该运动向量场表示静态和动态元素的运动。虽然一些研究在传统上依赖不同的传感模式（如相机或激光雷达）来进行场景流量估计，但也有一些方法利用 4D 毫米波雷达数据来完成这项任务。

有研究者提出了一种通过跨模态学习进行基于 4D 雷达的场景流量估计的新方法，涉及现代自动驾驶汽车中的共定位传感冗余。这种冗余为雷达场景流量估计提供了多种形式的监督线索，可以有效地解决雷达点云标记的困难。具体而言，介绍了一种用于跨模态学习问题的多任务模型体系结构。大量实验表明了该方法的先进性能，并证明了跨模态监督学习在更准确地推断 4D 毫米波雷达场景流量方面的有效性。图 4-7 所示为基于学习的雷达数据质量改进中的两个主要方面。

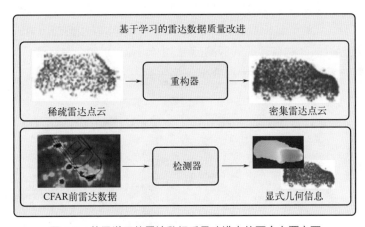

图 4-7　基于学习的雷达数据质量改进中的两个主要方面

（2）多模态传感器融合

考虑到 4D 毫米波雷达已经可以提供点云信息，一些学者将其与相机或激光雷达融合，用于目标检测，希望提高感知模型的准确性和稳健性。

通常，不同模态有三个融合级别：数据级别、特征级别和决策级别。现有的研究主要集中在特征级融合上。

4DRV（4D 毫米波雷达与视觉传感器）融合：4D 毫米波雷达可以以低成本的方式，提供高精度的深度和速度信息，弥补了相机的不足，从而提高了 3D 目标检测的准确性。

在最近的研究中，4D 毫米波雷达信号通常被转换为 2D 图像状特征，以便可以与相机图像一起实际部署。

具有代表性的是，Meyer 等人将网络应用于 4D 毫米波雷达和相机的融合，该网络最初是为相机与激光雷达融合开发的。

为了弥补数据格式的差异，丢弃了多普勒信息，只保留了 4D 毫米波雷达点云的位置信息和反射强度。

每个帧的点云用于生成鸟瞰图（BEV），然后生成 3D 内容。当使用毫米波雷达数据代替激光雷达数据时，融合网络的精度更高，在 Astyx 数据集上达到 61% 的平均精度。原因可能是激光雷达传感器只有 16 个光束。

有研究者添加了一个新的自监督模型自适应块，该块根据目标特性动态自适应不同模态的融合。此外，还将雷达点云与 BEV 图像一起生成了正视图。所提出的方法优于传统方法。正视图可以更好地利用 4D 毫米波雷达提供的高程信息，更容易与单目相机功能融合，在检测精度和计算效率之间取得平衡。

尽管 4DRV 融合具有上述优势，但可视化可能仍难以在面对剧烈的照明变化或不利的天气条件时工作，这反过来又会影响模型的整体性能。因此，有研究者探索了 4DRL（4D 毫米波雷达和激光雷达）与基于交互的融合框架 InterFusion 融合的优势，设计了 InterRAL 模块（毫米波雷达和激光雷达的交互），并更新了两种模式的支柱，以增强特征表达。通过实验验证了其有效性。

在其他的研究中，有研究者提出了 M2 融合网络，该网络集成了名为 IMMF 的基于交互的多模式融合方法和名为 CMSF 的基于中心的多尺度融合方法。使用 Astyx 数据集进行评估，显著优于主流的基于激光雷达的目标检测方法。由于激光雷达可以在近距离精确探测物体，且 4D 毫米波雷达由于其穿透性而具有较远的探测范围，因此 4DRL 融合有可能成为一种低成本、高质量的可靠技术解决方案。图 4-8 所示为 R2P 网络架构。

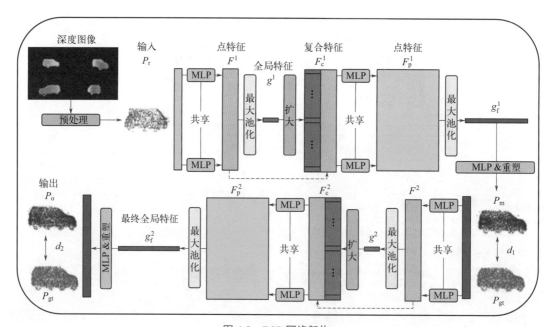

图 4-8　R2P 网络架构

定位和地图应用

在卫星定位信息不准确，或无法获得高清晰度地图的恶劣环境中，有必要通过相关传感器进行定位和绘制地图。

（1）里程估计

雷达里程估计是定位的核心，也是 SLAM 的关键组成部分。关于 4D 毫米波雷达的相关研究相当多。然而，由于雷达的稀疏性和噪声，里程估计大多是在惯性测量单元（IMU）的帮助下完成的。

通过气压计估计无人机的高度，然后使用随机采样与最小二乘法的一致性（RANSAC），利用雷达点云的多普勒信息估计自身速度；最后对 IMU 数据进行融合，构建扩展卡尔曼滤波器的雷达惯性里程计。

依据"曼哈顿世界"的假设，即假设环境中的平面相互正交，并实现了与最先进的视觉惯性里程计相当的精度。然后，这种原理被扩展到多个雷达，在视觉条件退化的情况下只需要很少的计算资源。此外，将 4D 毫米波雷达与视觉和热信息进行融合，以进一步改善结果。唯一缺点是，由于里程漂移增加，基于扩展卡尔曼滤波（EKF）的算法可能难以应对大规模环境。在大多数情况下，曼哈顿世界的假设可能会限制其在恶劣户外环境中的适用性。

应用 EKF 框架，不是直接将 IMU 与雷达点云估计的自身速度融合，而是在稀疏、有噪声的雷达扫描中实现 3D 点匹配，以测量雷达扫描之间的位移。对无人机 3D 轨迹的估计，在总行进结束时达到 3.32% 的漂移。

可分别通过 CNN 和 RNN 编码器提取雷达点云和 IMU 的特征，然后设计一个两阶段的跨模态注意力层来融合这些特征，并使用 RNN 对长期动力学进行建模。整个网络的输出是 6 自由度里程计，实现了 0.8m 的绝对轨迹误差（ATE）。该性能展示了在 RGB 相机或深度相机的帮助下的进一步升级。

然而，准确标记雷达频率数据仍然是一个艰巨的任务。这主要是由于在消声室的受控环境中收集的数据与在真实驾驶场景下获得的数据之间存在差异。后者由于多径反射、干扰、衰减等因素而表现出更大的复杂性。

为了应对这一挑战，可将激光雷达点云作为监督，依据 U-Net 和生成对抗网络（GAN），相继设计网络架构。生成的点云与传统点云，在感知和定位任务性能上进行额外比较，进一步证明了数据质量的提高。图 4-9 所示为雷达信号处理链描述。

（2）重新定位

重新定位依赖于高精度的在线地图。考虑到 4D 毫米波雷达点云的稀疏性和噪声性，可利用多普勒速度去除运动物体，然后通过合并多个连续扫描来增强点云；受著名的 PointNet 的启发，采用基于多层感知（MLP）的网络，将每个点的维数从 4 增加到 1024，用于逐点特征提取。通过比较当前扫描和全局地图的提取特征，可以实现重新定位。

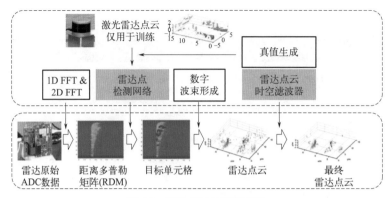

图4-9　雷达信号处理链描述

图4-10所示为多视图特征提取流程图。

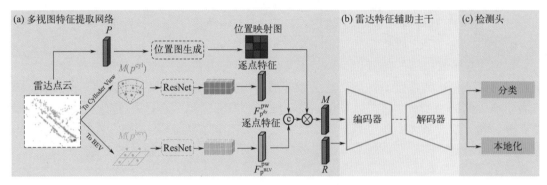

图4-10　多视图特征提取流程图

（3）SLAM技术

测距是SLAM必不可少的技术要求，因此，出现了4D毫米波雷达SLAM的研究。有学者开发了一种基于迭代EKF的4D毫米波雷达点云全过程SLAM。为了避免类RANSAC方法造成的稀疏性，通过迭代重加权最小二乘法来估计自转速度。每个雷达点的权重也反映了其动态特性，以便移除移动物体。

扫描和子映射之间的非常规分布匹配，进一步降低了稀疏性的影响。映射性能如图4-11所示。

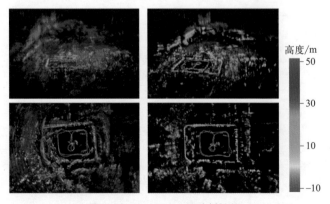

图4-11　**4D iRIOM**的映射性能

将姿态图应用于激光雷达 SLAM 方法，构造了一个 SLAM 系统，该系统采用了激光雷达 SLAM 方法，命名为 hdl 图 SLAM。在烟雾和雨水的影响下进行了一些实验，以证明 4D 毫米波雷达在极端环境下的稳健性。

4.8 未来发展趋势

4D 毫米波雷达有可能给自动驾驶汽车带来深刻的变化。尽管如此，它目前还远远不够成熟。4D 毫米波雷达的未来发展趋势，可能主要取决于以下几个方面。

① 点云增强：作为最常用的数据形式，4D 毫米波雷达点云与其他传感器数据相比，质量明显较低。雷达的多径效应等特性，严重影响点云数据的质量。此外，迫切需要改进信号处理流程中的信息损失，特别是用精确设计的基于学习的方法取代 CFAR。基于学习的 DOA 估计方法代替 DBF 方法，也可以用于超分辨率角度估计。

② 应用算法重新设计：除了改进 4D 毫米波雷达点云外，信号处理后的应用算法是另一个不可忽视的问题。到目前为止，许多 4D 毫米波雷达的应用算法都是在相应的激光雷达算法的基础上进行修改的。4D 毫米波雷达的特殊性，如速度测量能力和在极端环境下的自适应能力，有待于未来进一步探索。

对于感知任务来说，多模态融合无疑是未来的发展方向。然而，4D 毫米波雷达在极端天气条件下的稳健性，是否会因其他传感器分支的集成而减弱，还有待探索。对于 4D 毫米波雷达的定位和测绘，其与激光雷达和相机的融合，有很大的发展空间。

③ 点云前数据利用：对于 4D 毫米波雷达信号处理流程中的独特数据形式，如原始 ADC 数据、RD 图和 4D 张量，利用这些数据进行感知、定位和映射是一个有趣的方向。基于学习的模型可以利用这些数据中的充足信息，同时保持可接受的实时性能，这可能是一个研究热点。

④ 数据集丰富：与所有其他数据驱动的研究领域一样，4D 毫米波雷达的数据集在相关研究中发挥着重要作用。涉及 4D 毫米波雷达的现有数据集相对较少。数据格式和场景丰富性是有待扩展的两个主要领域。

第 5 章

超声波传感器

本章主要介绍超声波传感器基础知识、相关理论以及应用场景等内容。

5.1 超声波传感器概述

5.1.1 超声波传感器基础知识

频率高于 20kHz 的声波被称为超声波，因为人耳听不到该频率范围的声音。

超声波传感器使用 20kHz 以上的声波来检测附近的物体，类似于蝙蝠在不碰撞障碍物的情况下使用回声定位进行机动。在汽车领域，超声波传感器普遍用于 ADAS（高级驾驶辅助系统），特别是用于停车辅助，其中 3 ～ 16 个传感器用于检测停车时的障碍物。在工业领域，超声波传感器用于机器人和其他需要可靠存在、接近或位置感测的情况。

（1）超声波传感器的硬件组成

如图 5-1 所示，超声波传感器主要由以下几部分组成：PCBA（印制电路板部件）、接插件、下盖、胶圈、上盖、探芯。

① PCBA：一般为 4 层板，主要用于放置 IC（集成电路）与中周换能器及周边电路器件。其中，IC 一般使用 ELMOS 芯片，其选型直接影响超声波传感器接口类型（IO 或 LIN bus）。新一代的 ELMOS 芯片可以直接驱动陶瓷片，可以减少中周换能器的使用，PCBA 可由 4 层变为 2 层，可用于成本优化。

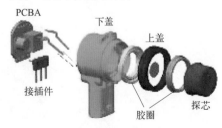

图 5-1 超声波传感器的硬件组成

② 接插件：因超声波探头一般安装于保险杠内侧，与外界环境直接接触，因此防护等级要满足 IP6K7。

③ 下盖：用于连接、固定及保护相关器件。

④ 胶圈：胶圈主要作用是吸收探头产生的多余振动，同时为探头与保险杠之间提供缓冲，防止直接接触引发振动异常。

⑤ 上盖：用于连接、固定及保护相关器件。

⑥ 探芯：产生及接收声波。

图 5-2 所示为超声波探芯，即产生与接收超声波的装置，其主要由两部分构成：压电陶瓷共振片与圆柱形铝壳（共振板）。其中，红黑两条导线与陶瓷片连接，陶瓷片粘贴在下方圆柱形铝壳上。

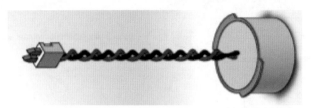

图 5-2　超声波探芯

当在共振片两极施加等于其固有频率的脉冲信号时，共振片将发生共振，产生超声波，电能转化为机械能。当未施加脉冲信号，并接收到超声波时，共振片振动，机械能转化为电信号。

（2）超声波传感器的原理

超声波传感器可以在无实际接触的情况下，测量距离并检测物体的存在。它通过生成和监测超声波来实现这一点，见图 5-3。根据传感器和物体的特性，其在空气中的有效检测距离在几厘米到几米之间。超声波传感器（或换能器）生成并发射超声波脉冲，而传感器声场内的物体会将这些脉冲反射回传感器。

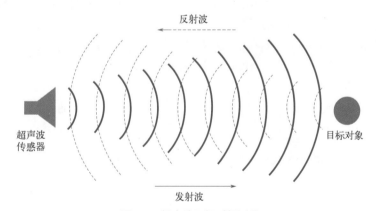

图 5-3　超声波飞行时间测量

超声波传感器是一种压电式换能器，它能够将电信号转换为机械振动，也能将机械振动转换为电信号。因此，在单基地方法中，超声波传感器是一个收发器，在单一频率下同时作为扬声器和麦克风工作。

超声波传感器的发声原理是利用压电陶瓷具有的根据电压方向膨胀和收缩的特征，将电信号转换为陶瓷振动，通过陶瓷的反复膨胀和收缩，使得空气振动，并发出超声波，如图 5-4 所示。

实际使用中，超声波传感器将电信号施加到超声波换能器（发射器），通过压电陶瓷膨胀和收缩，发射超声波；然后，由接收器接收超声波，并转换为用于分析的电信号，并加以各种应用，如图 5-5 所示。

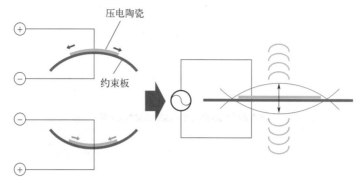

压电陶瓷

约束板

图 5-4　发声原理示例

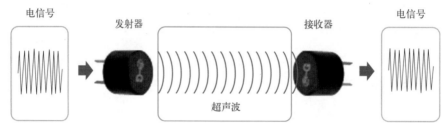

电信号　　发射器　　　　　接收器　　电信号

超声波

图 5-5　超声波收发原理示例

超声波传感器能够捕获发射波和接收波之间的时间差。因为声速是一个已知的变量，所以，捕获往返时间可以用来计算传感器和物体之间的距离。这种超声波感测方法基于声音传播时间进行飞行时间（ToF）测量。请注意，空气中的声速随温度而变化，在 20℃的干燥空气中，声速为 343m/s。

在确定距离和收集准确结果时，设计者应考虑超声波理论的多个参数，如频率和温度。随着频率的增加，分辨率、指向性和衰减会增加，而可测量距离会减小。声波传播的介质的温度会影响声速。在炎热的环境中，声速会增加，而在凉爽的环境中，声速会减慢。式（5-1）显示了温度如何影响声速。

$$声速(m/s) = 331(m/s) + 0.6[m/(s \cdot ℃)] \times 温度(℃) \tag{5-1}$$

（3）超声波传感器的关键参数

超声波传感器的关键参数，包括以下三种：

① 防护等级：超声波传感器工作时一般直接与外界环境接触，并且在洗车时直接被高压水枪喷淋，因此探头防护等级要满足 IP6K9K。

② 探测距离：根据使用场景不同，一般最远探测距离要求为 1.5m（倒车辅助应用）或 5m（自动泊车应用）；对于近端盲区由 IC 决定，一般为 10 ～ 25cm，越小越好，但要综合考虑适用性及性价比。

③ 探测角度：应用场景不同，对于雷达探测角度的要求也就不同。如：APA 雷达，主要用于车位检测，因此要求距离远，水平角度小，一般为 H60°/V60°；倒车雷达，主要用于倒车辅助，要求探测范围大，角度一般为 H90°/V60°。

（4）超声波传感器的优缺点

优点：

价格便宜，国内主机厂大规模采购价格一般不超过 30 元 / 颗；

算法简单，开发成本低；

传播距离远，穿透性强。

缺点：

超声波为机械波，易受环境中同频率声波的干扰；

散射角度大，方向性差，在进行车位检测时存在拖边等问题，与实际存在偏差，如图 5-6 所示；

易受环境干扰，如温湿度变化导致超声波探测灵敏度、超声波传播速度等不同；

对于细小物体，如铁丝网、细柱等探测性能不佳。超声波容易被吸声物体，如雪、海绵等吸收。

图 5-6 超声波检测偏差

（5）为什么要使用超声波传感器？

超声波传感器可以检测各种材料的物体，无论其形状、透明度或颜色如何。超声波传感器的唯一要求是，目标物体为固体或液体。

（6）超声波传感技术与其他传感技术的比较

红外（IR）传感器具有分辨率高、成本低和响应时间快速等特点，因而可用于障碍物检测。然而，由于红外传感器的非线性特征和对反射特性的依赖性，在实施检测之前需要了解物体表面特性。不同的表面材料对红外能量的反射和吸收情况不同，因此需要对目标材料进行识别，以实现精确的距离测量。

光学感测技术的原理与超声波传感技术相似。光学感测技术使用 LED 发射光波并检测飞行时间，然后根据光速进行转换，并未使用声波。光速比声速快得多，因此光学感测比超声波快。然而，它在明亮的环境和烟雾、大雾天气环境中确实存在局限性，因为这些环境使光接收器难以检测到发射的光。光学感测在探测玻璃或水等透明材料方面也有局限性。光会穿过这些材料，而超声波会反弹。

基于毫米波雷达和激光雷达的技术旨在提供多点数据阵列，而不是单一的飞行时间测量。这使得数据点能够高度精确，并且能够绘制和区分环境中的微小差异。然而，功能的增加使得这些系统比前面提到的其他解决方案要昂贵得多。

表 5-1 总结了相关传感技术之间的差异。

表5-1　近程传感技术比较

项目	被动红外传感技术	超声波传感技术	光学感测技术	毫米波传感技术
检测范围	0.1～5m	0.1～10m	0.01～20m	0.01～100m
分辨率	几厘米	几毫米（取决于传感器）	几毫米（取决于光学器件）	几毫米
视野	最大 180°	5°～120°	0.15°～120°	5°～160°
电学指标	＜5mA	72～336mW（有源） 2～9mW（待机/睡眠）	100μW～200mW（工作状态） 约80μW（待机/睡眠）	0.5～1.5W
模块尺寸	中等	中等	小	大
表面特性	需要镜头来实现范围和宽视场	超声波暴露在介质中的时间长	光照隐藏在深色玻璃后面	毫米波渗透大多数材料（非金属）
单传感器系统成本/美元	＜1	1～3	1.5～4	18～26
关键区别	• 在高温环境和角落区域的性能有限 • 对慢动作不敏感 • 容易出现误判	• 有效检测固体和透明玻璃表面 • 能够在充满烟雾的环境中检测物体	• 用于目标定位（最多 3 个探测区） • 用于精确的远程测量	• 提供范围、速度和角度数据 • 可穿透非金属材料 • 智能目标区分

（7）超声波传感器的典型应用

① 测距：在每个飞行时间事务中，定期记录靠近或远离传感器的一个或多个物体的距离。距离更新的速率取决于传感器在回波侦听模式下等待的时间。传感器等待回波的时间越长，可检测范围就越远。常用测距示例：超声波泊车辅助传感器、机器人中的避障传感器、液位变送器。

② 周围环境检测：超声回波特征的显著变化，对应于传感环境的物理变化。这种二元超声传感方法不太依赖于检测范围，而更依赖于回波信号的稳定性。示例：机器人中的悬崖和边缘检测、物体检测、停车位中的车辆检测、安全和监控系统。

③ 表面类型检测：使用原始超声回波数据，而不是飞行时间，可以通过超声波传感器间接地测量材料的柔软度或硬度。超声波从较硬的表面反弹到传感器时损耗较小，从而提供更强的回波响应。较软的物体（如泡沫和地毯）会吸收许多声波，并提供较弱的回波响应。示例：应用于机器人中的地板类型检测，应用于割草机中的地形类型检测。

5.1.2　超声波系统理论

超声波系统包括：

① 换能器或超声波传感器；

② 模拟前端（AFE），用于驱动变送器并调节接收信号；

③ 模数转换器（ADC）；

④ 额外的信号处理能力，为测量数据添加智能。

模拟前端部分负责驱动传感器，以及放大和过滤接收到的回波数据，以便为进一步处理做好准备。信号处理或者由 AFE 解决方案中的控制单元完成，或者在特定应用标准部件（ASSP）解决方案中，通过其芯片内智能特性，在控制单元与集成 DSP 之间分担。

（1）超声波系统简介

图 5-7 所示为超声波系统级框图。

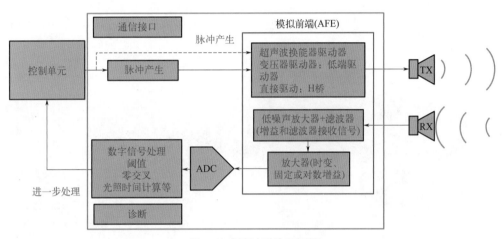

图 5-7　超声波系统级框图

超声波系统可以：

① 完全离散（由放大器、滤波器、二极管和其他无源元件组成）；

② 成为一个集成的 AFE；

③ 成为具有一定芯片信号处理能力的特定应用标准部件；

④ 与片上 MCU 完全集成。

注意，传感器是超声波模块整体性能的关键影响因素。

（2）超声波回波和信号处理

德州仪器公司（TI）建议以正弦波或方波的中心频率驱动传感器，以实现更佳效果。大多数集成解决方案都有一个输出驱动器，它由低侧驱动器组成（用于在变压器驱动情况下驱动变压器）；或由采用 H 桥配置的 FET 组成（用于直接驱动解决方案）。

传感器以其谐振频率发出回声后，系统必须侦听传感器视场中的物体产生的回波。超声波系统通常会过滤回波，以去除噪声并在信号进入 ADC 之前对其应用增益。对超声波系统应用增益的一些方法如下：

① 数字增益 / 固定增益：对整个超声回波应用固定增益。

② 时变增益：所应用的增益取决于物体的远近。通常，回波时间越晚的物体产生的回波响应越弱，回波时间越早的物体产生的回波响应越强。为了解决这一问题，防止近距离信号饱和，并能够识别更远的物体，用户可以选择对其系统应用增益。具体来说，就是在较早

的时间应用较小的增益，在较晚的时间应用较大的增益。这使用户能够根据系统需求，灵活地配置增益。

③ 自动增益控制 / 对数放大器：对数放大器方法是一种在处理高振幅和低振幅输入信号时，实现自动增益控制的方法。对数放大器根据对数刻度，对输入信号应用增益，这有助于从微弱信号中获得更强的回波响应，同时也适当地对强信号应用增益，但要防止饱和，类似于时变增益方法。时变增益方法取决于物体的回波时间；对数放大器方法取决于输入信号本身的实际回波，而不依赖于时间。

设计人员可以检查过零频率数据，以验证回波是否为传感器的回波。这也可用于检测多普勒频移（即发射的声波频率的变化），以检测运动及其方向。

一旦对返回信号进行了适当滤波和增益，就可以将数据发送到 ADC 以进行进一步的信号处理。图 5-8 显示了来自 ADC 的输出信号。

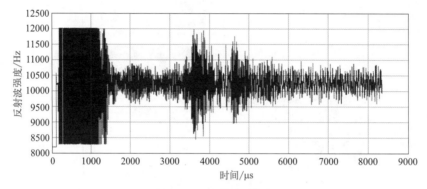

图 5-8　ADC 的典型输出

信号经过数字化处理后，就可以进入数字信号处理器（DSP）或微控制单元（MCU）以进行进一步处理。首先，它通过带通滤波器来减少任何带外噪声。图 5-9 所示为带通滤波器的典型输出。

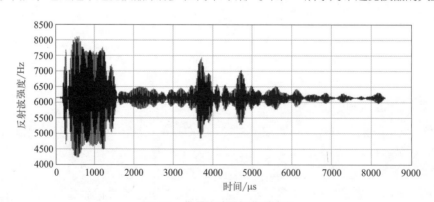

图 5-9　带通滤波器的典型输出

下一阶段是对信号进行整流，以提取信号的绝对值。图 5-10 所示为整流器的典型输出。

整流后，通常会在应用低通滤波器之前保持峰值，以确保已整流信号的峰值振幅不会被滤除。通过结合使用峰值保持功能和低通滤波器，可生成解调输出，如图 5-11 所示。这样，就可以轻松地应用阈值来进一步定制信号，以消除噪声，并提取飞行时间数据以及回波宽度和振幅信息。解调后的信号也称包络信号。

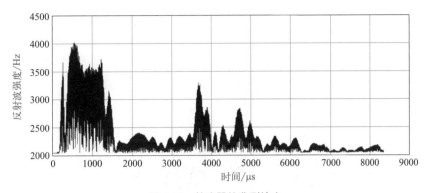

图 5-10 整流器的典型输出

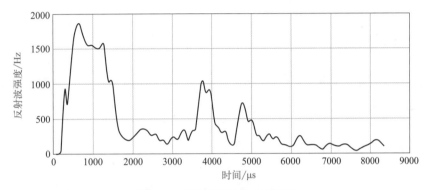

图 5-11 低通滤波器的典型输出

（3）超声波传感器类型

超声波传感器有两种类型：封闭式和开放式。虽然开放式传感器成本较低，需要较小的驱动电压即可实现较大声压级（SPL），但它们在恶劣环境中不可靠。暴露在雨水、灰尘和其他污染物中会使传感器受损。图 5-12 所示为封闭式和开放式传感器。

图 5-12 封闭式和开放式传感器

（4）传感器拓扑

有两种传感器拓扑：单基地或双基地。拓扑必须基于短范围要求。

单基地拓扑是指单个传感器既发送回波，又侦听返回的回波。这是大多数应用中优选的低成本方法。单基地拓扑的缺点是，传感器的激励振铃 / 衰减会产生一个盲区而限制最小检测范围。在单基地配置中，可以通过添加阻尼电阻器来缩小盲区。

为消除单基地拓扑中存在的问题，必须使用双基地拓扑，其中包含两个单独的传感器：一个用于发射，一个用于接收。使用双基地拓扑的缺点是需要额外进行校准，因为设计人员在计算飞行时间时必须考虑接收器处传入回波的角度。图 5-13 所示为单基地与双基地拓扑示例。

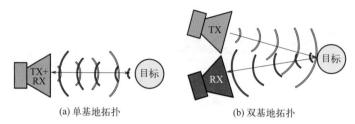

(a) 单基地拓扑   (b) 双基地拓扑

图 5-13　单基地与双基地拓扑示例

（5）传感器工作频率

对于空气耦合应用，超声波传感器的工作频率范围为 30～500kHz。随着超声波频率的增加，衰减率增加。因此，低频（30～＜80kHz）传感器对远距离更有效，而高频（80～500kHz）传感器对短距离更有效。高频传感器也可以缩短振铃/衰减时间，这会缩短最小检测范围。对于液位感测，通常使用工作频率在 1MHz 以内的传感器。图 5-14 所示为测量距离与频率的相关性。

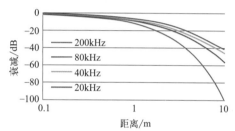

图 5-14　测量距离与频率的相关性

传感器的视场可以从窄（15°）到宽（180°）。频率越高，视场越窄。使用低频传感器的窄视场，也可以通过在传感器周围添加喇叭来实现，从而将其回波引导到更窄的模式中。

（6）传感器驱动（变压器驱动和直接驱动）和电流限制

有两种驱动传感器的模式：变压器模式、直接驱动模式。这是根据所选传感器的最大驱动电压（因此具有更高的电流限值）确定的。尽管直接驱动是一种成本较低的驱动技术，但它通常适用于短距离、开放式应用。变压器驱动最大限度地提高了密闭式传感器的要求，但也要求在大规模生产时进行额外的校准。

（7）脉冲计数

脉冲计数是超声波传感系统中的另一个参数。它由传感器发出的脉冲数定义。脉冲计数越大，SPL 将越大，但传感器会在较短时间内突发大量脉冲，因此最小检测距离将不太理想。

（8）最小检测范围

超声波系统的最小检测范围，由传感器本身的特性及其发出脉冲的方式决定。盲点或传感器振铃/衰减时间是由单基地配置（即同时发射和接收的配置）中传感器底部振荡的谐振能量引起的。高频传感器的振铃/衰减时间较短，因此缩短了最小距离。然而，使用这种方法将缩小检测范围。使用双基地方法可以消除这种振铃行为，因为这种设置将发送传感器和接收传感器隔离开，但其成本将是单基地解决方案的 2 倍。

另一种减小盲点的方法是降低脉冲计数和电流限值。然而，这可能会降低回波的强度。

如果必须使用低频单基地设置，并且降低脉冲计数和电流限制会降低所接收回波的完整性，则可以引入额外的无源器件，以减小盲点。电阻值范围为 $500\Omega \sim 25k\Omega$ 的阻尼电阻器可与传感器并联，以缩短振铃 / 衰减时间。

5.1.3 超声波传感过程的影响因素

（1）传输介质

传播特性和声速在不同的介质中不同。超声波传感器针对声波在空气、液体或固体中的传播进行了优化，但很少针对多于一种的传输介质。空气中的超声衰减与频率有关，空气耦合超声应用仅限于低于 500kHz 的频率。对液体和固体，可以使用低频的转换器进行高精度应用。图 5-15 所示为不同媒介中的声速。

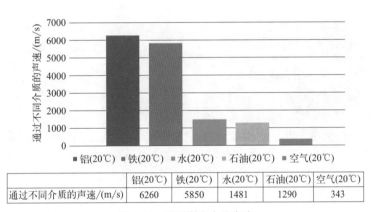

	铝(20℃)	铁(20℃)	水(20℃)	石油(20℃)	空气(20℃)
通过不同介质的声速/(m/s)	6260	5850	1481	1290	343

图 5-15 不同媒介中的声速

（2）声阻抗

声波可以穿过各种类型的介质来探测声阻抗严重失配的物体。声阻抗（Z）定义为密度和声速的乘积。与大多数液体或固体相比，空气的声阻抗要低得多。表 5-2 所示为目标材料的声阻抗。

表5-2 目标材料的声阻抗

材料	密度 / (kg/m³)	声速 / (m/s)	声阻抗 / [10^6kg/ (m² · s)]
空气	1.3	343	0.000429
水	1000	1450	1.45
肌肉	1075	1590	1.71
铝	2700	6320	17.1

材料	密度 /（kg/m³）	声速 /（m/s）	声阻抗 /［10⁶kg/（m²·s）］
铁	7700	5900	45.43
钢	7800	5900	46.02
金	19320	3240	62.6
皮肤	1109	1540	1.71

两个物体之间的声阻抗（Z）的差异被定义为阻抗失配。阻抗失配越大，在两种介质之间的边界处反射的能量百分比就越大。

$$反射系数 = R = \left(\frac{Z_2 - Z_1}{Z_2 + Z_1}\right)^2$$

式中，Z_2 是负载阻抗；Z_1 是传输线的特性阻抗。

示例 1：空气和皮肤边界的反射系数如图 5-16 所示。

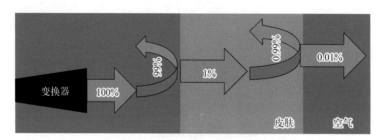

图 5-16 空气和皮肤边界的反射系数

空气的声阻抗为 0.000429，皮肤的声阻抗是 1.71。将这些值代入到反射系数公式中得到：

$$\left(\frac{Z_{皮肤} - Z_{空气}}{Z_{皮肤} + Z_{空气}}\right)^2 = \left(\frac{1.71 - 0.000429}{1.71 + 0.000429}\right)^2 \approx 0.99$$

在每个边界执行此计算，可以确定有多少能量被反射回来，有多少能量在材料内被吸收，以及有多少能量透过。

示例 2：水和钢边界的反射系数如图 5-17 所示。

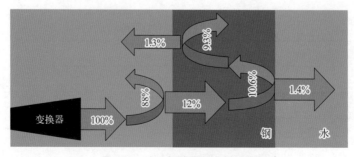

图 5-17 水和钢边界的反射系数

（3）雷达截面积

雷达截面积反映了目标将超声波反射回传感器的能力。物体弯曲或倾斜的表面可能会散射向物体传输的大部分超声波，而产生微弱的回波响应。面对传感器时产生更强回波响应的表面特征包括：大型、密集、平坦、平滑。

具有上述表面特征的物体（如墙或地板）会产生最佳回波响应。小型物体或部分偏转声音的物体（如人、动物或植物）会降低回波响应。圆形或刚性表面允许更大的角度偏差。图 5-18 显示了不同形状的目标表面反射的超声波。

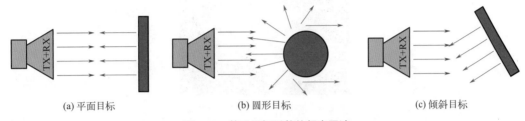

(a) 平面目标　　　　　　　(b) 圆形目标　　　　　　　(c) 倾斜目标

图 5-18　基于目标形状的超声回波

目标的雷达截面积 σ 为：

$$\sigma = 投影横截面 \times 反射率 \times 方向性系数$$

（4）环境条件（温度、湿度、碎屑）

空气耦合超声回波的速度受外部环境参数，如温度、湿度和带内环境噪声的影响。感测范围随温度的升高而减小。虽然感测率也会随着湿度增加而降低，但这一点通常可以忽略，因为影响很小。跨温度和湿度的衰减率是非线性的。

空气中的灰尘、雨水或雪等碎屑会削弱超声波能量，并改变传感器的视场。封闭式传感器的性能不受微小灰尘或污垢沉积物的影响。然而，如果传感器部分浸没在水中，或被泥土、雪或冰覆盖，测距性能将降低。

5.1.4　超声波传感器的发展趋势

超声波传感器的发展趋势包括以下几种：

① 更远的探测距离：目前自动泊车雷达的方案一般为 8+4 方案，即 8 颗短距雷达 +4 颗长距雷达。但是目前自动泊车的后续功能，如 AVP（代客泊车），要求进行更远距离的物体探测，以便能够更早地发现危险，及时刹车。因此，目前超声波传感器供应商都在推广 12 颗相同雷达的方案，这 12 颗雷达可以通过配置实现角度、探测距离切换。

② 自适应阈值：可以根据探测反馈自动调整阈值，适应更复杂的地面干扰环境。

③ 编码：对不同雷达发送的声波进行编码，减少本车雷达之间的相互干扰；不同雷达可同时工作，减少刷新时间。

④ 更小的探测盲区。

⑤ 功能安全，满足 ASIL B 要求。

⑥ 不同温湿度一致性：根据余振、阻抗等检测雷达失聪、覆盖等异常。

5.2 超声波传感器应用场景

超声波传感器已在乘用车中应用多年，如超声波泊车辅助，帮助车辆在低速时检测物体。弹出提升门和入侵检测报警器是超声波传感器的另外两个新兴应用，如图 5-19 所示。

超声波入侵
检测报警器

弹出提升门

超声波泊车
辅助

图 5-19　乘用车中的超声波传感器

随着汽车市场的成熟，很多与安全相关的配置逐步普及，目前基于超声波原理的倒车雷达已成为标配。

5.2.1　超声波传感器在汽车上的应用图示

超声波传感器在汽车上的部分应用如图 5-20～图 5-26 所示。

图 5-20　防止误启动（测距）

图 5-21　自动泊车

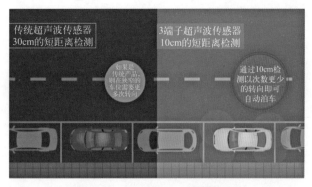

图 5-22 30cm 与 10cm 短距离检测

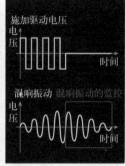

图 5-23 混响振动监控

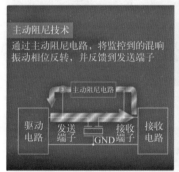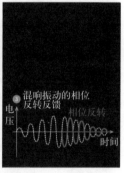

图 5-24 相位反转

图 5-25 通过主动阻尼技术提高短距离检测性能

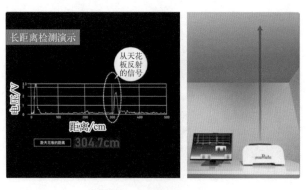

图 5-26　长距离检测演示

5.2.2　超声波传感器在 ADAS 中的具体应用

图 5-27～图 5-29 分别表示超声波传感器在高速横向辅助、自动泊车、低速 AEB 等 ADAS 功能中的应用。以高速横向辅助为例，特斯拉汽车在 AutoPilot 中为了增加巡航功能的安全和舒适性，使用了超声波传感器，如：在变道时，会使用超声波传感器确认后方及侧方是否存在车辆；在靠近路沿车道行驶时，会使用超声波传感器探测信息，向远离路沿一侧行驶。

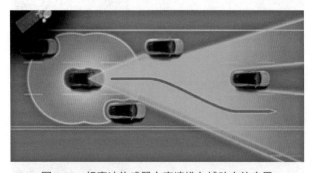

图 5-27　超声波传感器在高速横向辅助中的应用

图 5-28　超声波传感器在自动泊车中的应用

汽车的停车辅助系统（PAS）使用超声波传感器测量车辆与障碍物（例如墙壁）的距离，并将接近程度通知驾驶员，如图 5-30 所示。

图 5-31 所示为 PAS 工作原理。

图 5-29　超声波传感器在低速 AEB 中的应用

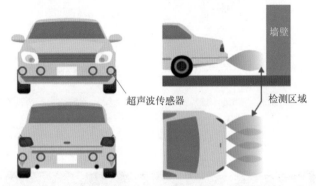

图 5-30　使用超声波传感器测量车辆与障碍物（例如墙壁）的距离

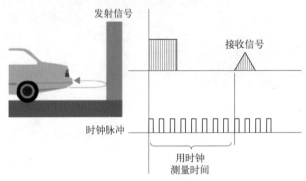

图 5-31　PAS 工作原理

　　PAS 不仅要能够即时检测到后方的墙壁等大面积的障碍物，还需要判断初始状态的影响。另外，车载超声波传感器要尽量以一个装置去覆盖最大的面积，以减少装置数量。最后，PAS 还需要能够检测到极端靠近的距离，这对所使用的超声波传感器的方向性能提出更高要求，即在垂直方向上较窄、在水平方向上较宽，而响应时间更短。图 5-32 表示超声波传感器要检测最大区域的障碍物。

　　超声波传感器在距离车辆几米范围内发挥监测作用，早已用于自动停车系统，包括低速自动驾驶。

　　进入高端自动驾驶时代后，为了提高安全性，汽车行业对超声波传感器的要求也越来越高：不仅需要提高产品本身的可靠性、扩大检测范围（特别是在汽车周围），而且为了快速检测汽车周围情况，还需要通过编码技术实现多个超声波探头同时检测周围环境。

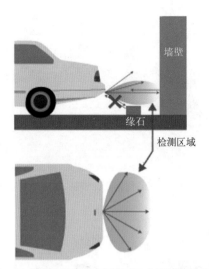

图 5-32　超声波传感器要检测最大区域的障碍物

　　为了应对市场需求，实现超声波传感器优异的耐久性、稳定的近距离检测性能，可从产品的构造、制程开始进行改善。目标是将单个超声波探头的最短检测距离从目前的 25cm 缩短到 10cm 以下。图 5-33 所示为超声波传感器技术路线图。

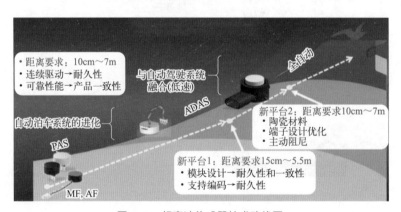

图 5-33　超声波传感器技术路线图

第6章

智能汽车传感器标定技术

本章主要介绍智能汽车传感器的视觉标定技术，使用 OpenCV 实现畸变校正、内外参数标定的实例，以及摄像头与激光雷达联合标定实例。

 机器视觉：摄像头标定技术

空间物体表面某点的三维几何位置与其在图像中对应点之间的相互关系，是由摄像头成像的几何模型决定的，这些几何模型参数就是摄像头参数。为了得到这些参数而进行的实验与计算的过程，称为摄像头标定。

在标定过程中通常要利用数学方法，对从数字图像中获得的数据进行处理。通过这些数学处理，可以得到摄像头的内部和外部参数。

6.1.1　成像几何模型

（1）4 个坐标系

① 图像像素坐标系：表示三维空间物体在图像平面上的投影，像素是离散化的。其坐标原点在 CCD（电荷耦合元件）图像平面的左上角，u 轴平行于 CCD 平面水平向右，v 轴垂直于 u 轴向下，坐标使用 (u, v) 来表示。

② 图像物理坐标系：坐标原点在 CCD 图像平面的中心，x 轴与 y 轴分别平行于图像像素坐标系的 (u, v) 轴，坐标用 (x, y) 表示。

③ 摄像头坐标系：以摄像头的光心为坐标系原点，X_c 轴与 Y_c 轴平行于图像坐标系的 x 轴与 y 轴，摄像头的光轴为 Z_c 轴，坐标系满足右手法则。摄像头的光心可理解为摄像头透镜的几何中心。

④ 世界坐标系：用于表示空间物体的绝对坐标，坐标用 (X_w, Y_w, Z_w) 表示。世界坐标系可通过旋转和平移得到摄像头坐标系。

图 6-1 所示为 4 个坐标系转换关系示意图。

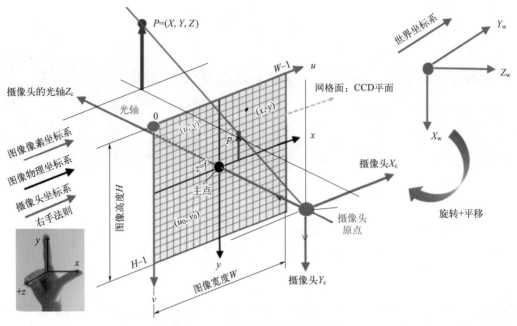

图 6-1　4 个坐标系转换关系示意图

（2）空间点与像点的非线性关系分析

由于摄像头的光学成像系统与理论模型之间的差异，二维图像存在着不同程度的非线性变形，目标像点与理论成像点相比存在着多种几何畸变。下面简要介绍常见几何畸变，6.2 节中将对相关概念进行详细说明。

径向畸变主要是由镜头形状缺陷造成的。它是关于摄像头镜头的主光轴对称的。

正向畸变是枕形畸变，负向畸变是桶形畸变，其数学模型为：

$$\begin{aligned}
\delta_{xr} &= x(k_1 r^2 + k_2 r^4 + k_3 r^6 + \cdots) \\
\delta_{yr} &= y(k_1 r^2 + k_2 r^4 + k_3 r^6 + \cdots)
\end{aligned} \tag{6-1}$$

式中，$r^2 = x^2 + y^2$；$k_i(i=1,2,3,\cdots)$ 为畸变系数；δ_{xr} 与 δ_{yr} 表示 x 轴与 y 轴方向的畸变差值。

偏心畸变主要是由光学系统光心与几何中心不一致，即各透镜的光轴中心不能严格共线造成的。这类畸变既含有径向畸变，又含有切向畸变。

切向畸变的数学模型为：

$$\begin{aligned}
\delta_{xd} &= 2p_1 xy + p_2(r^2 + 2x^2 + \cdots) \\
\delta_{yd} &= 2p_1(r^2 + 2y^2) + 2p_2 xy + \cdots
\end{aligned} \tag{6-2}$$

式中，$p_i(i=1,2,3,\cdots)$ 为切向畸变系数；δ_{xd} 表示 δ_{xr} 对 x 方向求导数；δ_{yd} 表示 δ_{yr} 对 y 方向求导数。

薄棱镜畸变是由于镜头设计、制造缺陷或加工安装误差，如镜头与摄像头像面有很小的倾角等所造成的。这类畸变相当于在光学系统中附加了一个薄棱镜，不仅会引起径向偏差，而且会引起切向误差。其数学模型为：

$$\delta_{xp} = s_1r^2 + \cdots$$
$$\delta_{yp} = s_2r^2 + \cdots$$

$$(6-3)$$

式中，s_1、s_2 为薄棱镜畸变参数；省略部分就是原来的畸变计算内容，这里只是增加了附加部分。

6.1.2 典型标定方法

（1）传统摄像头标定方法

这种方法利用已知的景物结构信息进行标定，常用到标定块。

优点：可以用于任意的摄像头模型，标定精度高。

不足：标定过程复杂，需要高精度的已知结构信息；在实际应用中，很多情况下无法使用标定块。

图 6-2 所示为棋盘格标定板示意图；图 6-3 所示平面透视畸变是非线性的，不能使用 2D 线性变换来描述。

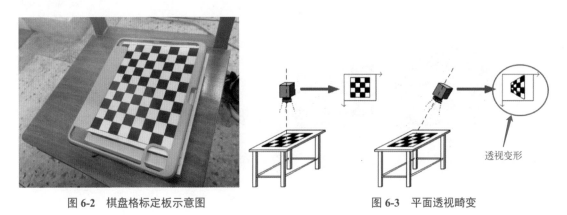

图 6-2 棋盘格标定板示意图   图 6-3 平面透视畸变

（2）摄像头自标定方法

这种方法是利用内置矩阵和基本矩阵，通过主动系统控制摄像头做特定运动的自标定方法（主动视觉标定方法）。

特点：仅依靠多幅图像之间的对应关系进行标定。

优点：仅需要建立图像之间的对应，灵活性强，潜在应用范围广。

不足：非线性标定，鲁棒性不高。

6.1.3 自动驾驶中的摄像头标定

（1）为什么需要摄像头标定？

摄像头在生产过程中存在一致性问题；摄像头以一定的角度和位置安装在车辆上，又存在安装偏差。为了使摄像头采集到的环境数据与现实环境中的真实物体相对应，即找到实际环境中的物体坐标与摄像头生成的图像像素坐标系中的点坐标之间的转换关系，需要对摄像头进行标定。

图 6-4 所示为不同实际场景下标定特点示意图。

图 6-4　不同实际场景下标定特点示意图

图 6-5 表示标定过程的 4 种不同状态。

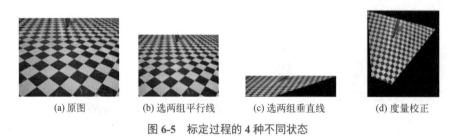

(a) 原图　　　　(b) 选两组平行线　　　(c) 选两组垂直线　　　(d) 度量校正

图 6-5　标定过程的 4 种不同状态

图 6-6 表示不同场景使用的不同标定板。

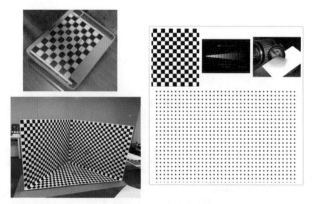

图 6-6　不同场景使用的不同标定板

（2）构建摄像头模型

理想针孔摄像头模型（线性模型）：针孔摄像头模型就是把摄像头简化成小孔成像，任一点在像平面的投影点都是 O（光心，即投影中心）与该点的连线和像平面的交点。通过透视变换投影，将摄像头坐标系中的物点 $P\,(X_c,\,Y_c,\,Z_c)$ 转换至理想非畸变的图像物理坐标系像点 $P\,(x,\,y)$，方程如下：

$$x=f\,X_c/Z_c$$

$$y=f\,Y_c/Z_c$$

式中，f 为摄像头的焦距。可以想见，这种简化对于精度要求高的情况或者广角摄像头是不适用的。图像物理坐标系中像点 $P(x,y)$，转换至图像像素坐标系像点 $P'(u,v)$，方程如下：

$$u=x/d_x + u_0$$

$$v=y/d_y + v_0$$

式中，$(u_0,\,v_0)$ 为图像像素中心的坐标，即摄像头光轴与图像平面的交点；d_x 与 d_y 分别表示每个像素在横轴 x 和纵轴 y 上的物理尺寸，由摄像头厂家提供，可以在摄像头说明书上查到，为已知量。车体坐标系（即世界坐标系）中的实物点 P 坐标为 $(X_w,\,Y_w,\,Z_w)$，摄像头坐标系中物点 $P\,(X_c,\,Y_c,\,Z_c)$ 与图像像素坐标系中的像点 $P'(u,v)$ 的变换关系如下：

$$\begin{bmatrix} u \\ v \\ 1 \end{bmatrix} \rightarrow \begin{bmatrix} f_x & 0 & u_0 \\ 0 & f_y & v_0 \\ 0 & 0 & 1 \end{bmatrix}$$

$$Z_c\begin{bmatrix} u \\ v \\ 1 \end{bmatrix} \rightarrow \begin{bmatrix} f_x & 0 & u_0 \\ 0 & f_y & v_0 \\ 0 & 0 & 1 \end{bmatrix}\left(\mathbf{R}\begin{bmatrix} X_w \\ Y_w \\ Z_w \end{bmatrix} + \mathbf{T} \right)$$

式中，$f_x=f/d_x$，$f_y=f/d_y$，分别定义为 x 和 y 方向的等效焦距；f_x、f_y、u_0、v_0 等参数只与摄像头和镜头的内部结构有关，因此把 f_x、f_y、u_0、v_0 定义为摄像头内部参数。

当摄像头为理想的针孔摄像头模型时，物点 $P\,(X_w,\,Y_w,\,Z_w)$、光心、像点 $P'(u,v)$ 三点在同一直线上。根据这一特点，在摄像头内部参数确定的情况下，可以利用三维空间上的若干个特征点，对于车体坐标系中的坐标和图像像素坐标系中的坐标，建立约束方程，从而求出摄像头的 6 个外部参数，即摄像头相对于车体的姿态（俯仰角、横滚角、航向角）和相对位置 (X,Y,Z)。

在实际应用中，因为存在透镜畸变，物点在实际的摄像头成像平面上生成的像与理想成像之间存在一定光学畸变误差，摄像头并不能完全精确地按照理想的针孔摄像头模型进行透视投影。

（3）消除透镜畸变

镜头透镜由于制造精度以及组装工艺的偏差，会引入畸变，导致原始图像的失真，因此在进行摄像头标定时要消除透镜畸变。

镜头透镜的畸变分为径向畸变和切向畸变两类。

① 径向畸变：顾名思义，径向畸变就是沿着透镜半径方向分布的畸变。光线在真空条件下，没有其他物质进行折射和反射，光线是直射光。而经过物质参与和阻隔光线通道时，光线会产生衍射及光学通道扭曲，光线在透镜中心的地方比远离中心的地方更加弯曲，就会产生径

向畸变。这种畸变在普通、廉价的镜头中表现得更加明显。径向畸变主要包括桶形畸变和枕形畸变两种。图 6-7 所示分别是枕形、桶形、胡须形畸变示意图。

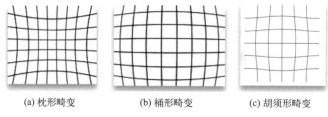

(a) 枕形畸变　　　　　　(b) 桶形畸变　　　　　　(c) 胡须形畸变

图 6-7　枕形、桶形、胡须形畸变示意图

图 6-8 所示为图像畸变对应棋盘格标定板畸变。

图 6-9 所示为位置变换畸变棋盘格标定板。

图 6-8　图像畸变对应棋盘格标定板畸变

图 6-9　位置变换畸变棋盘格标定板

图 6-10 所示为现实场景的畸变效果。

直线的　　　　　等矩形　　　　　商场　　　　　立体制图　　　　　圆柱鱼眼

图 6-10　现实场景的畸变效果

成像仪光轴中心的畸变为 0，沿着镜头半径方向朝边缘移动，畸变越来越严重。畸变的数学模型可以用主点（principle point）周围的泰勒级数展开式的前几项进行描述，通常使用前两项，即 k_1 和 k_2；对于畸变很大的镜头，如鱼眼镜头，可以增加使用第三项 k_3 来进行描述。成像仪上某点根据其在径向方向上的分布位置，调节公式为：

$$x_0 = x(1 + k_1 r^2 + k_2 r^4 + k_3 r^6)$$
$$y_0 = y(1 + k_1 r^2 + k_2 r^4 + k_3 r^6)$$

式中，（x, y）为理想状态下的像点 P 的坐标；（x_0, y_0）为考虑镜头径向畸变的像点 P_0

的坐标；r 表示畸变系数，距离光心越远，径向位移越大，畸变也越大。在光心附近，几乎没有偏移。

② 切向畸变：它是由于透镜本身与摄像头传感器平面（成像平面）不平行，或与图像平面不平行而产生的，这种情况多是由透镜被粘贴到镜头模组上的安装偏差导致。其畸变模型可以用两个额外的参数 p_1 和 p_2 来描述：

$$x_0 = x + [2p_1y + p_2(r^2 + 2x^2)]$$
$$y_0 = y + [2p_1x + p_2(r^2 + 2y^2)]$$

图 6-11 所示为棋盘格配准示意图。

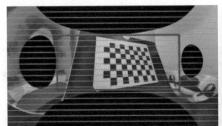

图 6-11　棋盘格配准示意图

图 6-12 所示为畸变环境检测视频示意图。

图 6-12　畸变环境检测视频示意图

图 6-13 所示为标定制作处理过程示意图。

（4）车载摄像头参数标定

在实际的车载摄像头应用中，往往忽略摄像头镜头的畸变或者只考虑径向畸变。在车载应用中，摄像头的成像误差要求相对宽松，而且待处理目标通常会在图像中心附近出现，因此其位置误差对于车载应用可以满足。另外，不考虑摄像头镜头畸变，可以提高系统的实时性；考虑镜头畸变的摄像头模型，比理想的摄像头模型复杂，物点和像点之间的转换计算量会大大增加。根据上述的摄像头模型，可以把摄像头参数分为内部参数和外部参数，其中内部参数为 f_x、f_y、u_0、v_0，

外部参数为 **R** 和 **T**。实际上，**R** 由偏航角 θ、俯仰角 φ、翻滚角 ψ 确定，其表达式为：

$$R = \begin{bmatrix} \cos\psi\cos\varphi & \sin\psi\sin\varphi & -\sin\theta \\ -\sin\psi\cos\varphi + \cos\psi\sin\theta\cos\varphi & \cos\psi\cos\varphi + \sin\psi\sin\theta\sin\varphi & \cos\theta\sin\varphi \\ \sin\psi\sin\varphi + \cos\psi\sin\theta\cos\varphi & -\cos\psi\sin\varphi + \sin\psi\sin\theta\cos\varphi & \cos\theta\cos\varphi \end{bmatrix}$$

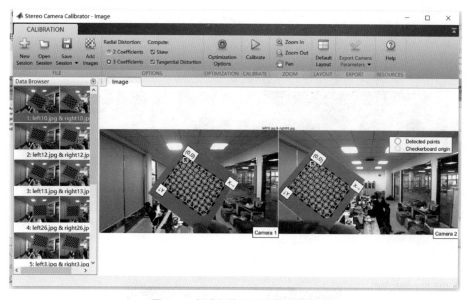

图 6-13　标定制作处理过程示意图

摄像头的内部参数可以通过各种摄像头标定工具箱得到，外部参数可以通过摄像头模型建立约束方程求解。通过提取多个标定物特征点来求解约束方程的外部参数：在图像像素坐标系中，提取到图像特征点为 $P_n(u_n, v_n)$，其中 n 为标定物的特征点个数，利用这些特征点序列即可建立多个约束方程，特征点尽可能地均匀分布在图像分辨率范围内的各个位置，可以利用线性最小二乘法，求出其外部参数的最优解。

（5）动态标定与静态标定

动态标定：主要利用场景约束条件，主要是场景中一些平行（通常需要在有车道线的道路上）或者正交的信息。空间平行线在图像平面上的交点为消失点，基于消失点的摄像头自标定算法是最为常见的，其灵活性强，可用于动态标定过程。但由于它是基于绝对二次曲线或曲面的方法，鲁棒性会差一些。

车辆在生产线下线时，受限于生产线空间、生产节拍、标定成功率等因素，一般使用静态标定方法。

需要使用尺寸已知的标定板（图 6-14），用于建立标定物上坐标已知的点与其图像点之间的对应，利用一定的算法获得摄像头模型的内外参数。标定物可分为三维标定物和平面型标定物。三维标定物可由单幅图像进行标定，标定精度较高，但高精度三维标定物的加工和维护较困难。平面型标定物比三维标定物制作简单，精度易保证，但标定时必须采用两幅以上的图像。

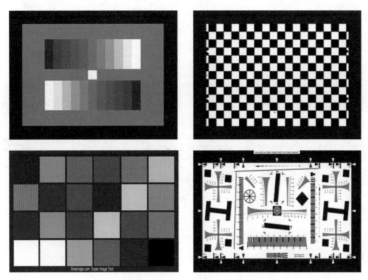

图 6-14　各种标定板

 ## 6.2　用 OpenCV（C++）实现摄像头 / 图像的畸变校正

本节将介绍如何利用 OpenCV（C++）尽可能消除畸变的影响。图 6-15 所示为畸变校正的基本流程。

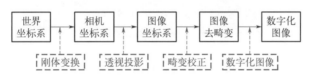

图 6-15　畸变校正的基本流程

畸变校正的基本流程如下：

① 采集标定板图像，大约 15 张；

② 根据使用的标定板，确定标定板的内点数，找出标定板的角点坐标；

③ 进一步提取亚像素角点信息；

④ 计算并获取摄像头的内参矩阵和畸变系数；

⑤ 进行畸变图像的校正修复。

标定板文件可以直接从 OpenCV 官网下载，然后打印出来即可。

如图 6-16 所示，得出标定板的内部行列交点个数：6×9。后面在求解摄像头参数和畸变系数时会用。

图 6-16　得出标定板的内部行列交点个数

扫码下载代码

（1）采集标定板图像

获取的图像与文件如图 6-17 所示。

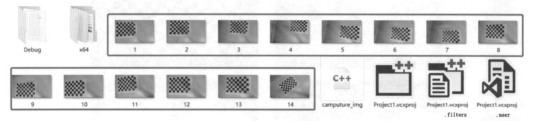

图 6-17　获取的标定板等图像与文件示意图

扫码下载代码

（2）通过库函数的解算，获得摄像头内参及畸变系数

运行程序，每张图片都会检测角点，如图 6-18 所示。

图 6-18　每张图片都会检测角点

最终得到摄像头内参及畸变系数，如图 6-19 所示。

```
cameraMatrix:
[407.1080593426735, 0, 415.925141161073;
 0, 406.1120381630754, 267.7885372908639;
 0, 0, 1]
*************************************************
distCoeffs:
[0.06247714561538635, -0.09018172500820869, 0.0003490827986113984, -0.001198299591266939
*************************************************
Rotation vector:
[-0.03593432075247866, -0.08966123852404738, -1.623779690503978;
 -0.208304827317609, 0.02662049178505734, -1.613480745129849;
 -0.1461077692114678, 0.106410931765105, -1.655186179320901;
 -0.1236171839709941, 0.03844100310312068, -1.5921196027482;
 -0.1663386448404333, 0.05854155849766408, -1.550386115142833;
 -0.1083049185739999, -0.1398143290619706, -2.214393399700492;
 -0.03122320000413062, -0.1148092783595245, -1.571892823801674;
 -0.08206085326683016, 0.0201440107608190, -1.49105126643782;
 -0.1422100260152014, 0.1072854764125703, -1.483288774608448;
 -0.2398233400592336, 0.1267610860963278, -1.447157164047699;
 -0.262099680209112, 0.100618180281051, -1.470056436964602;
 -0.3090663299643818, 0.1070642797146246, -1.580476599840372;
 -0.1387477406750012, 0.1145214035236099, -1.549413949241066;
 -0.1963499693782561, 0.01993434427712386, -1.598888317686393]
*************************************************
Translation vector:
[-7.9222039590839, 0.7584807270206066, 9.546344536352825;
 -8.20117949441834, 2.975965284521219, 9.316709543744121;
 -7.505571978556325, 0.9801617987117718, 10.11009840637 31;
 -6.907126753550048, 1.317065426918431, 9.040530315043382;
 -4.236784008452978, 1.107996166572975, 9.032518097281432;
```

图 6-19　摄像头内参及畸变系数

将摄像头自身畸变图像校正后得到的图像与校正前的图像对比，如图 6-20 所示。

(a) 校正前的图像   (b) 校正后的图像

图 6-20 畸变校正前后的图像示例

所使用的摄像头自身畸变问题并不突出，所以校正前后图像的变化基本不大。但对于畸变问题突出的摄像头，一般需要对其进行畸变校正后，方可使用。

如图 6-21 所示，标定物的制作精度、摆放位置、现场光照条件等因素，都会影响标定结果，同时有些场合不适合放置标定物，也限制了静态标定方法的应用。因此，很多场景下就需要用到动态标定。

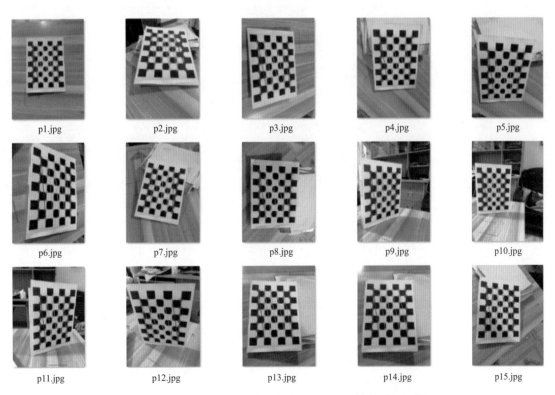

图 6-21 标定物的制作精度、摆放位置、现场光照条件系列图

6.3 摄像头内外参标定实例

车载摄像头标定通常由内参、外参、畸变系数三类参数来保证摄像头的准确性。

摄像头几何标定的主要目的是，通过一种理论数学模型和优化手段，把摄像头拍到的图像信息转换到我们熟悉的物理坐标系，即建立摄像头投影模型。

以车载摄像头为例进行推导，ADAS 中存在 4 个坐标系：

① 图像像素坐标系，对应坐标为 (u, v)；

② 图像物理坐标系，对应坐标为 (x, y)；

③ 摄像头坐标系，对应坐标为 (X_c, Y_c, Z_c)；

④ 世界坐标系，对应坐标为 (X_w, Y_w, Z_w)。

图 6-22 所示为车辆摄像头中心位置坐标系。

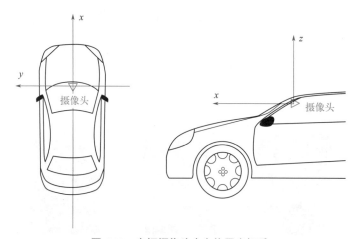

图 6-22　车辆摄像头中心位置坐标系

摄像头几何标定常用的方法是张正友标定法。相关内外参设备结合生产线上快速测试的运控软件和图像分析标定软件 RIQA-Camera，集成 4 个高性能摄像头图像采集卡 MIG-S2，配合优质的光源 1CXL 和高平整性棋盘格图卡 CP136-R4X，可以针对不同种类的摄像头进行点亮测试设置，并可实现摄像头的自动拍图、采图控制及标定。相关方案为视场在 25°～ 210° 之间的摄像头的高兼容性的解决方案，FOV 最大可以支持到 210°，是目前市场上少数能同时标定 1 ～ 4 颗摄像头模组的方案。

（1）实例 1：使用多视图空间定位和重新识别扩展 SoccerNet

足球视频涉及许多元素，如球员、线条和特定目标。为了捕捉这项运动的丰富细节，并进行精细的自动化分析，有研究者发布了 SoccerNet-v3，这是 SoccerNet 数据集的主要扩展，提供了各种各样的空间注释和跨视图对应关系。SoccerNet 的视频包含重要动作的回放，能够从不同的角度检索相同的动作，用详尽的本地信息对那些显示相同时刻的现场和重播动作帧进行注释。具体来说，标记线条、球门部位、球员、裁判、球队、显著物体、球衣号码，并在视图之间建立球员对应关系。本案例在 33986 张足球图像上产生了 1324732 个注释，使 SoccerNet-v3 成为多视图足球分析的最大数据集。衍生任务，如摄像头校准、玩家定位、团队识别可能受益于这些注释。

图 6-23 和图 6-24 表示足球视频标定技术分图。

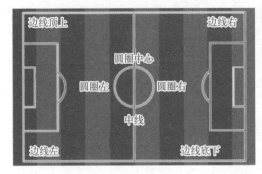

图 6-23 足球视频标定技术分图（一）

图 6-24 足球视频标定技术分图（二）

图 6-25 和图 6-26 为足球视频标定程序分图。

（2）实例 2：ECCNet——用于实时多类别车辆跟踪和车速估计的高效链式中心网络

为了实现交通视频的智能感知，克服计算模块的分散和多任务的分离处理难题，有研究者提出了一种统一的高效链式中心网络（ECCNet）框架，同时实现检测、车辆分类、跟踪和车速估计。首先，为了进行速度 - 精度的权衡，提出了 CA-CenterNet，可以通过嵌入坐标来检测车辆，并对车辆类型进行分类，从而更准确地服务于跨框架任务。其次，采用 3D 卷积，分别构建用于数据关联和速度估计的自适应分支。图 6-27 所示为神经网络模型分层模块输入输出流程实例。

```
{
  "GameMetadata": {
    "UrlLocal": "england_epl/2014-2015/2015-02-21 - 18-00 Chelsea 1 - 1 Burnley",
    "num_actions": 23,        //游戏中的动作帧数
    "num_replays": 37,        //游戏中的重播帧数
    "list_actions": ["0.png","1.png", "…", "22.png"],
      //动作框列表在frame-v3.zip中
    "list_replays": ["0_0.png","1_0.png","1_1.png","1_2.png","…","22_0.png"]
      //重播帧列表在frame-v3.zip中
  },
  "actions": {
    "0.png": {
      "imageMetadata": {//关于从soccerNet-v2提取的图像的数据
        "set": "train",        //设置用于soccerNet-v2中的动作识别
        "gameID": 0,           //Soccernet-v2中游戏的ID
        "half": 1,             //比赛进行到一半
        "position": 271751,    //视频中的位置（毫秒）
        "gameTime": "1 - 04:31", //时间（半）-（分钟）:（秒）
        "label": "Ball out of play", //动作类
        "visibility": "visible",   //操作是否可见或取消显示（参见SoccerNet-v2）
        "localpath": "england_epl/2014-2015/2015-02-21 - 18-00 Chelsea 1 - 1 Burnley",
        "imageType": "action",   //动作框架
        "width": 1920,
        "height": 1080
      },
      "num_linked_images": 1,        //链接到动作帧的重播次数
      "linked_replays": ["0_0.png"], //链接到动作帧的重播帧数
```

```
"lines": [
  {
    "class": "Circle left",
    "points": [
      1244.91,  //点1x坐标
      679.27,   //点1y坐标
      1355.21,  //点2x坐标
      675.63,   //点2y坐标
      1585.5,
      662.3,
      1746.71,
      635.64,
      1800.04,
      619.88,
      1836.4,
      601.7,
      1853.37,
      578.67,
      1852.16,
      566.55,
      1804.89,
      541.09
    ],
    "UAI": "000a0000042587l0000"
      //唯一注释标识符
  },
  {
    " "
    …
  },
```

图 6-25　足球视频标定程序分图（一）

```
"bboxes": [
  {
    "class": "Player team left",
    "points": {
      "x1": 1044.22,
      "x2": 1107.06,
      "y1": 431.89,
      "y2": 535.21
    },
    "ID": "g",    //对应ID
    "UAI": "000a00000042587b000c"
      //唯一注释标识符
  },
  {
    " "
    …
  },
  {
    "class": "Main referee",
    "points": {
      "x1": 1429.11,
      "x2": 1501.86,
      "y1": 700.19,
      "y2": 879.91
    },
    "ID": null,
    "UAI": "000a00000042587b0018"
  }
],
```

```
"replays": {
  "0_0.png": {
    "imageMetadata": {  //从SoccerNet-v2中提取的图像数据
      "set": "train",        //设置为SoccerNet-v2中的动作定位
      "gameID": 0,           //SoccerNet-v2中游戏的Id
      "half": 1,             //比赛的半场
      "position": 271751,    //动作视频中的位置（毫秒）
      "gameTime": "1 - 04:31", //时间（半）-（分钟）:（秒）
      "label": "Ball out of play", //动作类
      "visibility": "visible",   //动作是可见的还是未知的（参见SoccerNet-v2）
      "localpath": "england_epl/2014-2015/2015-02-21 - 18-00 Chelsea 1 - 1 Burnley",
      "imageType": "replay",   //重放帧
      "replayStart": 280252,   //回放开始的视频中的位置（毫秒）
      "gameTimeStart": "1 - 04:40",
      "replayStop": 288444,    //回放结束视频中的位置（毫秒）
      "gameTimeStop": "1 - 04:48",
      "replayIndex@5fps": 24,
      "replayPosition": 285052, //回放中动作时间戳的位置（毫秒）
      "gameTimeReplay": "1 - 04:45",
      "width": 1920,
      "height": 1080
    },
    "num_linked_images": 1,     //链接到重播帧的图像数（可以是动作和/或重播）
    "linked_action": "0.png",   //链接到重播帧的图像数
```

图 6-26　足球视频标定程序分图（二）

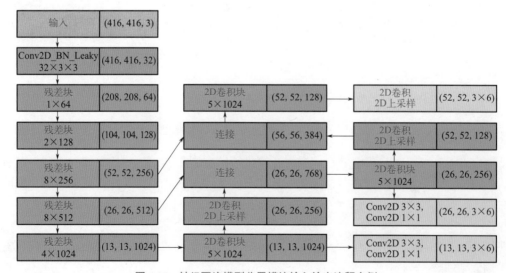

图 6-27　神经网络模型分层模块输入输出流程实例

摄像头和激光雷达联合标定实例

6.4.1 所需软件与开发步骤

图 6-28 所示为本实例标定场景与点云。

图 **6-28** 标定场景与点云

（1）所需软件

① PolyWorks 2019；
② Matlab 2019a。

（2）开发步骤

基本要求：
① 所有图像必须不失真，这至关重要。
② 标定板需要用黑白棋盘格，左侧为奇数，右侧为偶数。
③ 棋盘格的短边应位于图像的顶部。棋盘格的边缘不能与图像的边缘平行。
④ 点云棋盘格的短边应位于激光雷达 z 轴方向的顶部。点云棋盘格的边缘不能平行于激光雷达的 z 轴。

数据存储：
① 将摄像头图像（.png 格式）放入 data/image 中，必须用数字命名。
② 将激光雷达数据（.txt 格式）放入 data/pointcloud 中，文件的每一行都只有（x, y, z）坐标，例如：

0.5363237262 −0.3014609218 −0.1039963961
0.5608119369 −0.3181324303 −0.1093295515
0.5810572505 −0.3322938681 −0.1137738377
0.6180613041 −0.3567755520 −0.1217735633
……

③ 可以使用下面的命令，将 .pcd 文件转换为 Linux 中的 .txt 文件：

```
$ pcl_converter -f ascii 1.pcd dst.pcd
$ cat dst.pcd | grep -v [A-Z] | grep -v [a-z] | cut -f 1, 2, 3 -d ' ' > 1.txt
```

将棋盘格调整为点云中的正方形：

① 打开 PolyWorks 2019 → 工具→ PolyWorks|inspector；

② 点击文件→输入→点云，选择 .txt 格式文件；

③ 只选择毫米和空间，单击"确定"；

④ 点击选择→单元→交互；

⑤ 选择背景点，按 Delete 键删除这些点，只保存棋盘点；

⑥ 点击测量→特性→创建；

⑦ 选择正方形；

⑧ 选择配件；

⑨ 修改参数；

⑩ 选择最大值；

⑪ 点击选择→单元→交互，选择所有点；

⑫ 创作；

⑬ 平方输出。

将 .igs 格式文件保存到 data/chesborard_pointcloud_igs。注意，前缀名称必须是一个数字，并且必须与 data/images 中图像的前缀名称匹配。

重复上述步骤，直到棋盘格上的所有点云都拟合好为止。

配置：

① 打开 Matlab 2019，将 Matlab 文件夹更改为根目录下：摄像头和激光雷达联合标定。

② 打开 union-calibration.m 文件，需要修改以下选项：

```
x_grids=5;                      // 棋盘短边格数
y_grids=8;                      // 棋盘长边格数
imageType = 'png';             // 图像格式
% 摄像头参数
focalLength     = [2525.9, 2528.1]; % fx, fy
principalPoint = [942.9102, 584.8342]; % cx, cy
imageSize = [1080, 1920]; % 图像大小
```

检查图像角点，输出结果。

① 如果是第一次运行此代码，应该仔细检查图像角点检测的结果。如果未成功检测到某些图像的角点，则需要调整 MinCornerMetric 参数。因此，应该按如下方式修改配置：

```
MinCornerMetric=0.4;            % 调整此参数可以更好地检测角点
onlyShowDetection=true;         % 仅显示图像角点检测的结果
```

② 运行摄像头和激光雷达 union.m 检查结果。

6.4.2　联合校准

① 如果角点检测成功，则应将共同图形修改为 onlyShowDetection='false'，以便开始联合校准。

② 将重投影错误显示在图像中,十字符号表示重投影点。

③ 所有的点云都将被预投影到相应的图像中。

④ 校准变换偏移 **R** 和旋转 **T** 呈现在命令窗口中。

注意事项如下:

① 从点云到图像的投影公式如下:

$$P_c = KR\,(P_w - T)$$

式中,**K** 为内参矩阵;**T**=[**R**,**t**] 表示外参矩阵;**P**$_c$ 与 **P**$_w$ 表示世界坐标系与图像坐标系的点云。

② 为了获得更好的结果,应该使用至少 20 对点云和图像。校准板应尽可能覆盖图像的所有位置,如图 6-29 所示。

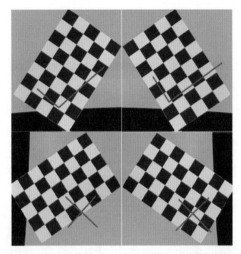

图 6-29 使用至少 20 对点云和图像,校准板应尽可能覆盖图像的所有位置

图 6-30 ~图 6-37 为程序开发调试过程。

图 6-30 程序开发调试(一)

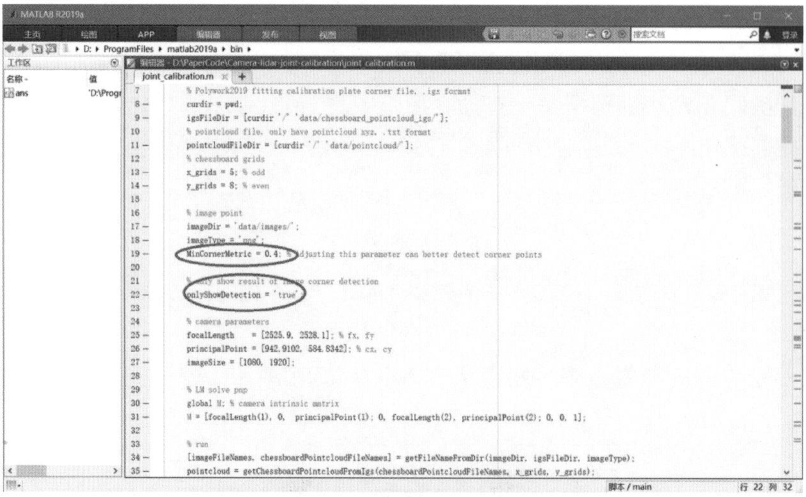

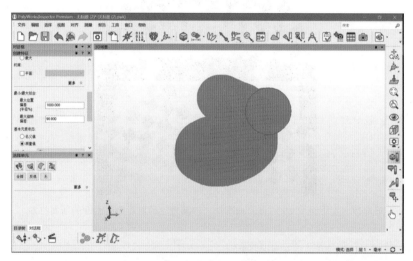

图 6-31　程序开发调试（二）

图 6-32　程序开发调试（三）

图 6-33　标定过程中特征点选取

图 6-34 程序开发调试（四）

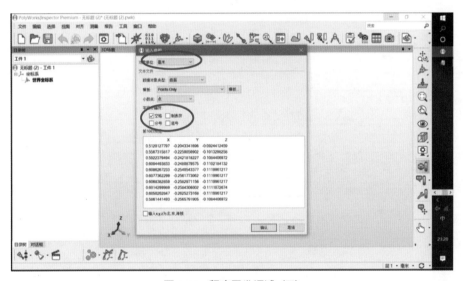

图 6-35 程序开发调试（五）

图 6-36 程序开发调试（六）

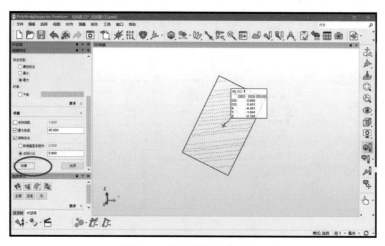

图 6-37　程序开发调试（七）

第 7 章

智能汽车传感器融合技术

本章主要介绍视觉方案与多传感器融合方案，多传感器前、后融合技术，以及传感器融合后应用示例等内容。

自动驾驶系统由环境感知、规划、决策、控制等几个模块组成，其中环境感知模块需要用到诸如摄像头、毫米波雷达、激光雷达等传感设备，以便获取周围环境的信息。不同种类的传感器有着不同的优势与缺陷，为了使感知层获得的信息更为丰富、准确，通常需要将不同的传感器进行融合。

自动驾驶中的传感器一般分为运动感知类传感器与环境感知类传感器。

运动感知类传感器主要用以解决自动驾驶中的定位与建图问题。常见的传感器有全球导航卫星系统传感器、实时动态传感器、惯性测量单元、轮速计、激光雷达、摄像头。

环境感知类传感器在自动驾驶中一般用于感知目标。常见的传感器有激光雷达、摄像头、毫米波雷达、超声波传感器。

从传感器的功能角度看，上述两个方面的感知问题都需要用到多传感器融合。

自动驾驶系统需要考虑多方面的因素：天气、光照条件、距离、维度、精度与系统级要求。除此之外，对于传感器，成本可控、满足车规级要求，也是十分重要的。

如表 7-1 所示，各种传感器各有优劣，比如：摄像头颜色、纹理细节丰富，但缺乏深度信息，且易受光照的影响；激光雷达具有完整的 3D 信息，对距离感知能力强，但成本高，量产难度大，对雨水、灰尘敏感；毫米波雷达全天候工作，速度感知能力强，量产成熟，但高度和角度精度低，静止障碍物感知能力弱。一种传感器无法适配所有场景，因此需要出色的传感器融合技术。

表7-1　常见传感器的特征总结

传感器名称	主动 /被动	成像细节	成像空间	视野范围	触发方式	量产需求
摄像头	被动	稠密	2D	距离：0 ~ 200m FOV：30°/60°、120° / 鱼眼镜头 盲区：近处盲区	滚动快门，成像时间域内有误差	成熟量产
激光雷达	主动	稀疏	3D	距离：0 ~ 200m FOV：360° / < 90° 盲区：近处盲区	逐点成像，成像时间域内无误差	支持量产

续表

传感器名称	主动/被动	成像细节	成像空间	视野范围	触发方式	量产需求
毫米波雷达	主动	稀疏	2.5D	距离：5 ～ 150m FOV：< 120° 盲区：近处盲区	成像时间域内无误差	成熟量产
超声波传感器	主动	稀疏	2.5D	距离：0 ～ 10m FOV：< 120° 盲区：无	成像时间域内无误差	成熟量产

下面总结了传感器如何相互配合。

① 多种电磁波与机械波配合；

② 被动传感器与主动传感器配合；

③ 成像细节稀疏传感器与成像细节密集传感器搭配，2D 与 3D 配合，远中近距离均适合；

④ FOV 灵活搭配，可有效区分重点区域。

7.1 视觉方案与多传感器融合方案

7.1.1 视觉方案与多传感器融合方案概述

目前自动驾驶方案主要有两种，如图 7-1 所示。

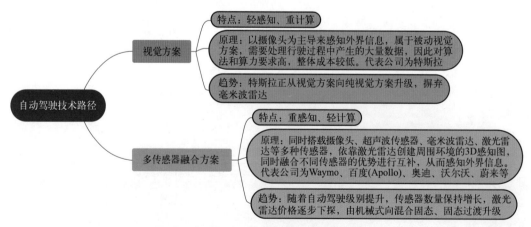

图 7-1 自动驾驶视觉方案与多传感器融合方案

一种是视觉方案，以特斯拉公司为代表。此方案以摄像头为主导来感知外界信息，属于被动视觉方案。由于需要处理行驶过程中产生的大量数据，因此对算法和算力要求高，特点是轻感知、重计算，整体成本较低。

另一种是多传感器融合方案，也是目前大多数车企采用的方案。这种方案往往要求汽车同时搭载摄像头、超声波传感器、毫米波雷达、激光雷达等多种传感器，依靠激光雷达创建周围环境的 3D 感知图，同时融合不同传感器的优势，从而感知外界信息，特点是重感知、轻计算。早期激光雷达成本高达几万美元，目前已下探至几百美元水平，为激光雷达的推广使用奠定了基础。

（1）视觉方案向纯视觉方案升级

特斯拉公司通过摄像头感知开发，并训练一套模拟人类视觉的神经网络，就能够实现自动驾驶。从目前在售的特斯拉 Model 3 来看，该车搭载了 8 颗摄像头、12 颗超声波传感器以及 1 颗毫米波雷达。8 颗摄像头可为车辆提供 360°视角，前视窄视野摄像头最大探测距离可达 250m；12 颗超声波传感器则用于完善视觉系统的探测效果；1 颗毫米波雷达以冗余波长穿透大雨、雾气、灰尘，甚至车前的其他车辆，提供有关周围环境的其他数据。

所有为北美地区市场生产的 Model S、Model X、Model Y 车型，都采用特斯拉纯视觉方案，即辅助驾驶系统 Autopilot 和全自动驾驶（FSD）套件，都采用了基于摄像头的感知方式。这意味着特斯拉将原有的视觉方案升级为纯视觉方案，取消了毫米波雷达。

（2）多传感器融合方案百花齐放

多传感器融合方案是以激光雷达为主导，同时兼具摄像头、超声波传感器、毫米波雷达等多种传感器的融合方案。奥迪 A8、沃尔沃 XC90 等众多车型，均搭载了激光雷达、摄像头、超声波传感器、毫米波雷达等多种传感器，通过融合多种传感器，形成性能优势互补，不断提升自动驾驶水平。

从覆盖范围和功能上看，长距毫米波雷达位于车头，探测距离最远，主要用于自适应巡航控制；激光雷达一般位于车顶前方，探测距离次之，主要用于车辆紧急制动、行人检测和碰撞避免；摄像头位于车身四周，探测距离更短一些，但是能覆盖周围 360°范围，其中前视摄像头主要用于交通标志识别和车道偏离报警，侧视摄像头主要用于车身两侧环视，后视摄像头主要用于停车辅助和车身后方环视；中短距毫米波雷达位于车头和车尾，探测距离比摄像头稍短，前置时主要用于倒车横向车流预警，位于侧后方时主要用于盲点检测，后置时主要用于后方碰撞预警；覆盖范围最小的是超声波传感器，位于车头和车尾，主要用于停车辅助；全球卫星导航系统位于车顶，主要用于车辆定位和导航。

随着自动驾驶级别逐步提升，功能逐渐丰富，传感器用量及价值量也水涨船高。根据相关机构数据，不同自动驾驶级别的车辆的传感器配置情况如下：

① L1 级别具备主动巡航控制（ACC）、车道偏离预警系统（LDWS）功能，需要 6 颗传感器，包括 4 颗超声波传感器、1 颗毫米波雷达（长距）、1 颗摄像头；

② L2 级别增加了停车辅助（PA）、车道保持辅助（LKA）功能，需要 13 颗传感器，包括 8 颗超声波传感器、1 颗毫米波雷达（长距）、4 颗摄像头；

③ L3 级别增加了自动紧急刹车（AEB）、驾驶员监控（DM）、交通拥堵辅助（TJA）功能，需要 24 颗传感器，包括 8 颗超声波传感器、6 颗毫米波雷达（2 颗长距 +4 颗短距）、7 颗摄像头（4 颗环视 +2 颗前视 +1 颗其他）、1 颗辐射热测量计、1 颗激光雷达、1 个航位推算系统（视作传感器）；

④ L4 级别增加了随时随地自动驾驶（AP anywhere）功能，需要 35 颗传感器，包括 10 颗

超声波传感器、8 颗毫米波雷达（2 颗长距 +6 颗短距）、9 颗摄像头（3 颗前视 +6 颗其他）、1 颗辐射热测量计、5 颗激光雷达、2 个航位推算系统；

⑤ L5 级别增加了传感器融合（sensor fusion）、高速自动驾驶（AP highway）功能，需要 38 颗传感器，包括 10 颗超声波传感器、8 颗毫米波雷达（2 颗长距 +6 颗短距）、13 颗摄像头（6 颗环视 +3 颗前视 +4 颗其他）、1 颗辐射热测量计、5 颗激光雷达、1 个航位推算系统。

7.1.2 传感器融合（软件）

基于毫米波雷达、前视智能摄像头、激光雷达的多传感器融合系统，具备良好的可扩展性，其算法框架能够灵活适配客户对不同传感系统的需求。图 7-2 所示为车身上多传感器数据交互示意图。

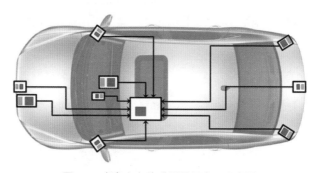

图 7-2　车身上多传感器数据交互示意图

时间同步：对所有传感器的数据使用通用时间戳（GPS 时间）。

在很多自动驾驶车辆传感器中，大部分支持 GPS 时间戳的时间同步方法。这个方法比较简单。如果传感器硬件支持这些时间同步的方法，传感器数据包中就会有全局的时间戳，这样的时间戳以 GPS 为基准，非常方便。

但是，用时间戳查询数据会有一个比较明显的问题，下面以图 7-3 为例进行说明。图 7-3 中有 3 个数据、3 个传感器和时间轴，不同传感器是以不同频率来采集数据的。以传感器 2 为例，在 T_1 时刻，传感器 2 有一个数据，在这个时刻想知道对应的传感器 1 和传感器 3 的数据是多少，

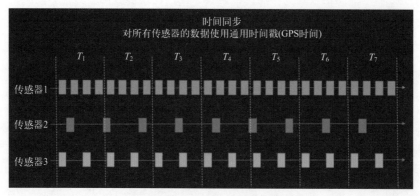

图 7-3　对所有传感器使用通用时间戳进行时间同步

肯定需要去查找，查找的方式是找对应的传感器数据中和传感器 2 时间差最近的数据包，然后拿过来用，这就取决于查的时候数据包的时间和 T_1 时刻传感器 2 数据包的时间到底差多少，如果差距比较大，由于车辆本身和障碍物都是在移动的，这样误差会比较大。解决时间戳不一致的方法是进行时间戳同步。

图 7-3 表示对所有传感器使用通用时间戳进行时间同步。

多传感器后融合技术

后融合技术：每个传感器都独立地输出检测数据信息，处理器在对每个传感器的数据信息进行处理后，再把最后的感知结果进行融合汇总。图 7-4 所示为后融合结构。

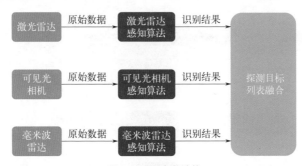

图 7-4　后融合结构

7.2.1　自动驾驶模块化的传感器后融合方法

有研究者提出了一种模块化的、传感器独立的融合方法，允许高效的传感器替换，通过在网络映射、定位和追踪等关键模块中使用多种传感器来确保信息冗余性。该算法主要对毫米波雷达、摄像头、激光雷达三种传感器的探测信息进行融合。三台 IBEO LUX 激光雷达安装在前保险杠上，摄像头安装在挡风玻璃后面，并配备了多台毫米波雷达，如图 7-5（a）所示。

图 7-5（a）中，蓝色为摄像头视野范围，红色为激光雷达感知范围，绿色为毫米波雷达感知范围。

图 7-5（b）中，该算法提出了一个分层模块化环境感知系统（HMEP），包含三个感知层：网格映射层、定位层和目标跟踪层。每个感知层都会进行传感器融合，并产生一个环境模型结果；除了传感器数据外，感知层还可以使用上一层的结果，其顺序是按照环境模型元素的抽象级提高的；不同的感知层结果可能是冗余的，甚至是矛盾的，因此组合模型将所有结果组合到一个统一的环境模型中。

（1）网格映射层

如图 7-6 所示，网格映射层将周围环境划分为若干个网格单元，并根据经典的占用网格映射方法，估计每个单元在网格图中的占比状态，输出结果为每个单元格的占比概率；组合模块主要使用其输出信息来预测目标物体边界。

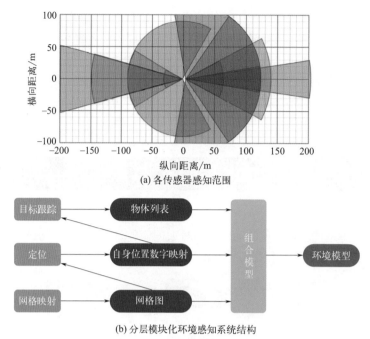

(a) 各传感器感知范围

(b) 分层模块化环境感知系统结构

图 7-5 一种模块化的、传感器独立的融合方法

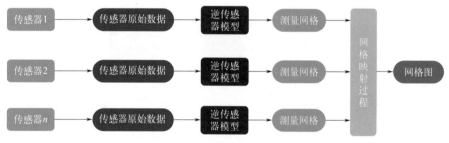

图 7-6 网格映射层结构

基于传感器数据，逆传感器模型可以预测每个单元格占比概率，称为测量网格；映射算法通过使用二进制贝叶斯滤波器，更新测量网格的网格映射，并将多传感器数据融合到网格映射层中。

（2）定位层

定位层融合传感器探测数据、网格层信息和数字地图，输出带有自定位信息的数字地图，如图 7-7 所示。

在由三个激光雷达构建的网格图中，利用最大稳定极值区域（maximally stable extremal regions，MSER）提取特征，这些网格图中的特征包括树干、路标等；基于特征图显示，定位层利用蒙特卡洛定位（Monte-Carlo localization，MCL）方法来预测目标姿态。

（3）目标跟踪层

目标跟踪层（简称跟踪层）通过将毫米波雷达、摄像头、激光雷达的探测数据进行集中式融合，实现对周围环境中移动物体的感知，还可以利用来自网格映射层和定位层的信息，获取目标朝向、最大速度等信息，从而完成多目标跟踪任务，如图 7-8 所示。

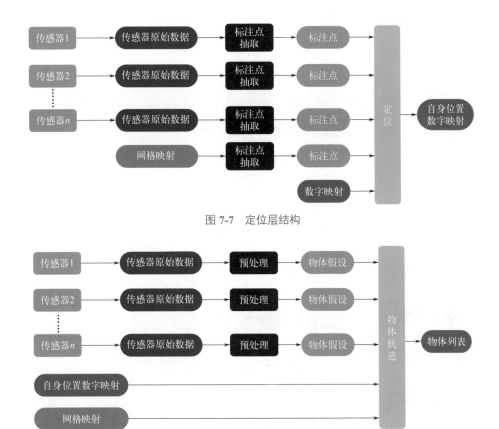

图 7-7　定位层结构

图 7-8　目标跟踪层结构

融合模块通过使用带有标签的多伯努利（labeled muti-Bernouli，LMB）滤波器实现，输出一个包含目标轨迹空间分布和存在概率的列表；跟踪层使用 Dempster-Shafer 方法实现传感器融合感知，能有效发挥各传感器的优势，避免传感器的限制导致的失败。

Dempster-Shafer 算法提出，对于未来自动驾驶感知系统来说，其关键技术是在不改变融合系统核心的情况下，更换传感器的能力；每个感知层都提供一个通用传感器接口，可以在不改变感知融合系统核心的前提下，合并额外的传感器或替换现有的传感器。模块化的结构有助于传感器的更换，且传感器独立接口在网络映射、定位和数据跟踪上的应用，使得修改传感器设置不需要对融合算法进行任何调整。

7.2.2　FOP-MOC 模型

有研究者提出了 FOP-MOC 模型，将目标的分类信息作为传感器融合的关键元素，将基于数据框架的方法作为传感器融合算法，着重解决了传感器数据关联、传感器融合的问题，如图 7-9 所示。

FOP-MOC 模型的输入信息有毫米波雷达、摄像头、激光雷达的检测目标列表，输出结果为融合后的目标检测信息，并送入到跟踪模块中；毫米波雷达和激光雷达的探测数据主要用于移动目标检测，摄像头采集的图像主要用于目标分类，每个目标都由其位置、尺寸、类别来表示，类别信息是从检测结果中的形状、相对速度和视觉外观中获得的。

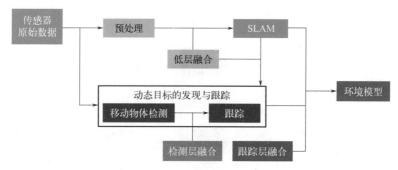

图 7-9　不同级别的融合方式

低层融合在 SLAM 模块中执行；检测层融合了各个传感器检测到的目标列表；跟踪层融合了各个传感器模块跟踪目标的轨迹列表，以生成最终结果。FOP-MOC 模型在检测层进行传感器融合，以便提高感知系统的感知能力。图 7-10 所示为 FOP-MOC 模型结构。

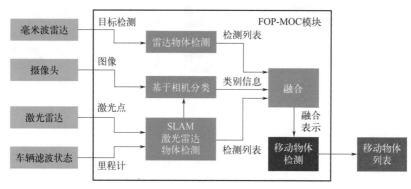

图 7-10　FOP-MOC 模型结构

7.3　多传感器前融合技术

前融合技术：在原始数据层面，把所有传感器的数据信息进行直接融合，然后根据融合后的数据信息，实现感知功能，输出一个结果层的探测目标。

常见的基于神经网络的融合方法较多，如 MV3D 目标检测（multi-view 3D object detection）、AVOD（aggregate view object detection）、F-PointNet 目标检测（frustum pointnets for 3D object detection）等。

7.3.1　MV3D

MV3D 将激光雷达探测到的点云数据和摄像头拍摄的 RGB 图像进行融合，其输入数据为激光雷达投影的鸟瞰图（LiDAR bird view）、前视图（LiDAR front view）和二维 RGB 图像，其网络结构主要有 3D 生成网络（3D proposal network）和基于区域的融合网络（region-based fusion network），使用深度融合（deep fusion）方式进行融合，如图 7-11 所示。

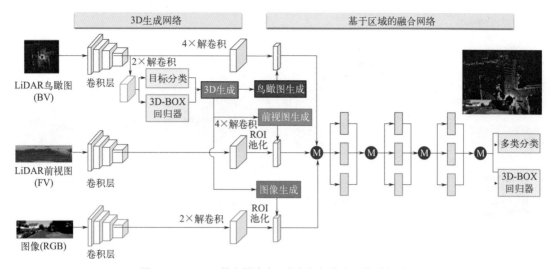

图 7-11　MV3D 激光雷达点云数据与摄像头图像进行融合

激光雷达点云数据是一个由无序的数据点构成的集合。在用设计好的神经网络模型处理点云数据前，为了更加有效地保留三维点云数据的信息以方便处理，MV3D 将点云数据投影到特定的二维平面，得到鸟瞰图和前视图。

3D 生成网络，类似于将二维空间中 Faster-RCNN 检测模型中应用的区域生成网络（region proposal network，RPN）在三维空间的推广。其实现的一个功能就是生成目标的三维候选框，这部分功能在鸟瞰图中完成，这是因为鸟瞰图的各个目标遮挡较少，候选框提取的效率最高。

在提取候选框后，分别向三种图中进行映射，得到各自感兴趣区域（region of interest，ROI），进入基于区域的融合网络进行融合。融合方式包括三种：早期融合（early fusion）、后期融合（late fusion）、深度融合（deep fusion）。三种方式对比如图 7-12 所示。

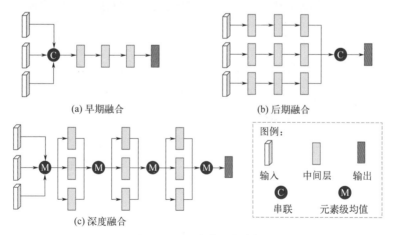

图 7-12　3D 生成网络融合

7.3.2　AVOD

AVOD 是一种融合激光雷达点云数据及 RGB 图像信息的三维目标检测算法，其输入只有激光雷达生成的鸟瞰图和摄像头采集的 RGB 图像，舍弃了激光雷达前向图和鸟瞰图中的密度特征

（intensity feature），如图 7-13 所示。

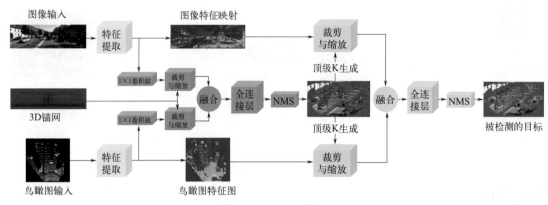

图 7-13　AVOD 结构图

如图 7-14 所示，AVOD 先进行特征提取，得到两种全分辨率的特征映射；输入数据到 RPN 中生成没有朝向的区域，最后挑选出合适的候选区域，送入到检测网络，生成带有朝向的三维界框，完成目标检测任务。AVOD 存在两种传感器数据融合方式：特征融合和区域生成融合。

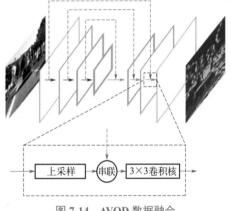

图 7-14　AVOD 数据融合

对图 7-14 的说明：AVOD 特征提取网络使用了编码器 - 解码器（encoder-decoder）结构，每层解码器先对输入进行上采样，然后与对应编码器的输出进行串联，最终通过一个 3×3 的卷积核进行融合。该结构可以提取到分辨率的特征映射，有效避免了小目标物体因为下采样在输出的特征映射上所占像素不足 1 的问题，最终输出的特征映射既包含底层细节信息，又融合了高层语义信息，能有效提高小目标物体的检测结果。

对图 7-15 的说明：三种边界框编码方式，从左到右依次是 MV3D、轴对齐、AVOD 的三维边界框编码方式。与 MV3D 指定 8 个顶点坐标的编码方式相比，AVOD 利用一个底面和高度约束了三维边界框的形状，且只用一个 10 维的向量表示即可（MV3D 需要用 24 维的向量表示）。

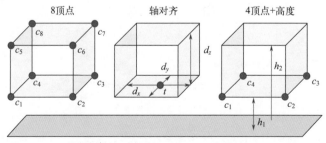

图 7-15　三种边界框编码方式

7.3.3 F-PointNet

F-PointNet 结合成熟的二维图像中的目标检测方法来对目标进行定位，得到对应三维点云数据中的视锥体（frustum），并对其进行边界框回归，从而完成检测任务，如图 7-16 所示。

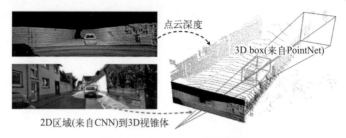

图 7-16 F-PointNet 目标检测

F-PointNet 整个网络结构由三部分组成：视锥体、三维实例分割、三维边界框回归。

F-PointNet 利用 RGB 图像分辨率高的优点，采用基于 FPN 的检测模型，先得到目标在二维图像上的边界框，然后按照已知的摄像头投影矩阵，将二维边界框提升到目标三维搜索空间的视锥体，并收集视锥体内的所有点构成锥体点云，如图 7-17 所示。

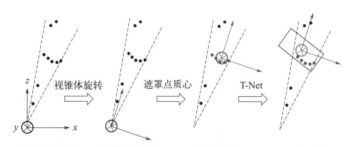

图 7-17 F-PointNet 使用 FPN 的检测模型与视锥体技术

该算法包括以下几个步骤：

① 为了避免遮挡和模糊问题，对视锥体点云数据，F-PointNet 使用 PointNet（或 PointNet++）模型进行实例分割；

② 在三维空间中，物体间大都是分离的，三维分割更可靠；

③ 通过实例分割，可以得到目标物体的三维掩模（即属于该目标的所有点云），并计算其质心作为新的坐标原点，如图 7-17（c）所示，转换为局部坐标系，以提高算法的平移不变性；

④ 对目标点云数据，F-PointNet 通过使用带有 T-Net 的 PointNet（或 PointNet++）模型进行回归操作，预测目标三维边界框的中心、尺寸和朝向，如图 7-17（d）所示，最终完成检测任务；

⑤ T-Net 的作用是预测目标三维边界框真实中心到目标质心的距离，然后以预测中心为原点，得到目标坐标系。

F-PointNet 为了保证每个步骤点云数据的视角不变性，并最终更加准确地回归三维边界框，共需要进行三次坐标系转换，分别是视锥体转换、掩模质心转换、T-Net 预测。

7.4 多传感器硬件系统的设计思路

对于自动驾驶汽车的多传感器硬件系统，一般从以下四个角度去考虑：感知区域、感知范围、优先级、冗余要求。

如图 7-18 所示，对于自动驾驶汽车，将行驶场景划分为 5 个区域：

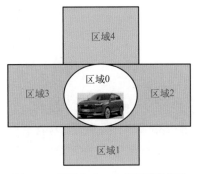

图 7-18　行驶汽车 5 个场景区域划分

① 区域 0：常为车身感知盲区，主要用于慢速行驶的安全冗余以及泊车场景，优先级高。

② 区域 1（车前）：主要用于满足前向行驶需求，优先级高。区域 1 通常分为三部分：

0 ～＜ 80m：要求感知精度高，高冗余；

80 ～＜ 120m：要求感知精度中等偏高，中等冗余；

120 ～ 200m：要求感知精度中等，冗余要求低。

③ 区域 2/ 区域 3（左右两侧）：主要用于左右变道或转向场景，冗余要求较低，优先级中。

④ 区域 4（车后）：用于常规行驶的后向视野，冗余要求低，优先级中。

表 7-2 所示为 5 个区域参数。

表7-2　5个区域参数

感知区域	感知范围	优先级	冗余要求
区域 0	0 ～ 10m	高	高
区域 1	0 ～ 200m	高	高
区域 2/ 区域 3	0 ～ 80m	中	较低
区域 4	0 ～ 80m	中	低

7.5 多传感器系统的同步

（1）传感器时序同步

所谓时序同步，就是让所有的参与者都在同一个时序上运转，并持续维护时序的高精度运行。

在现实物理世界中，通过时区的方式来达到时序同步：

① 全球分时区，每个时区内独立计时；

② 各时区与原子时钟同步，确保精度。

下面探讨自动驾驶汽车中的传感器是如何工作在同一时钟之下，达到时序同步的。

问题描述：

每种电子设备都有各自的时钟，起始时间均不相同，而且因晶振质量的差异，频率也不同。

同步误差分析：

如图 7-19 所示，传感器之间的时钟偏差，会导致各传感器检测到的障碍物位置发生偏差，自车速度越大，偏差越大。当车辆以 120km/h 的速度行驶时，若时钟偏差达到 0.1s，则可以算出距离偏差达到了 3.33m，偏差较大。

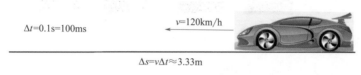

$\Delta t = 0.1s = 100ms$ $v = 120km/h$

$\Delta s = v\Delta t \approx 3.33m$

图 7-19 行驶汽车参数计算

需求分析：

自动驾驶完整系统的误差，需要控制在 0.3m 以内，通常需要将闭环时序同步误差控制在微秒级别。图 7-20 所示为自动驾驶传感器融合的同步结构。

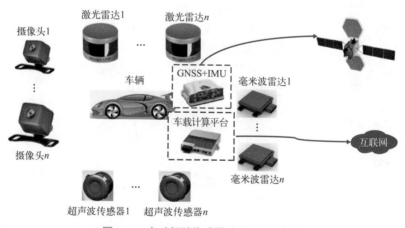

图 7-20 自动驾驶传感器融合的同步结构

接着，需要将传感器接入已有的时序同步闭环系统之中。如图 7-20 所示，有两种接口：一种通过车载计算平台与网络连接；另一种通过 GNSS+IMU 接口连接。

图 7-21 所示为 NTP（网络时间协议）服务器集群结构。

在图 7-21 中，车辆通过车载计算平台与网络连接，根据原子钟更新校正时间；也可以通过 GNSS/IMU 校正时间。原子钟与北斗系统的时间都是精确的。

计算客户端与服务端之间的偏差，以 1s 为周期，根据偏差调整客户端时钟，可将时钟误差稳定控制在微秒级别，如图 7-22 所示。

因此，车载系统可以接入已有时序同步闭环，精度满足需求。

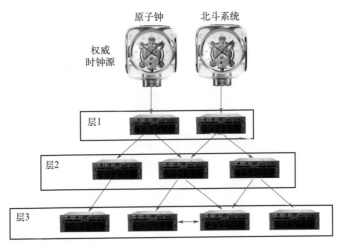

图 7-21　NTP 服务器集群结构

再分析各传感器能否接入已有时序同步闭环。

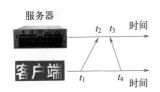

传输延迟=delay=$[(t_4-t_1)-(t_3-t_2)]/2$

假设时钟偏差为offset，可得：

$$\begin{cases} t_2=t_1+\text{offset}+\text{delay} \\ t_4=t_3-\text{offset}+\text{delay} \end{cases}$$

则：

$$\text{delay}=\frac{(t_2-t_1)+(t_4-t_3)}{2}$$

以1s为周期，根据offset调整客户端时钟，可将时钟误差稳定控制在微秒级别。

图 7-22　服务器与客户端数据交互计算

激光雷达设备支持两种时序同步方式：

① IEEE 1588-2008（PTPv2）：以太网接口同步；

② PPS 脉冲信号 + NMEA 消息（GPS）。

通过以上两种方式接入 GNSS+IMU 设备，或者主机所属的以太网即可。对以上激光雷达进行两种周期同步，误差可控制在微秒级。

对于摄像头，非定制摄像头模组不支持时序同步，定制摄像头可选择支持。对于毫米波雷达，非定制毫米波雷达不支持时序同步。对于超声波传感器，非定制超声波传感器不支持时序同步。

（2）成像同步机制

在目前的多传感器系统中，时钟无法做到微秒级同步。因此，需要考虑在硬件层面上的同步，即成像同步。图 7-23 所示为成像同步状态估计。

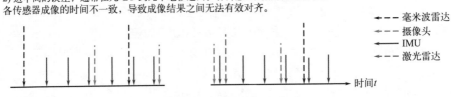

多传感器系统中，摄像头/毫米波雷达与超声波传感器的时钟无法做到微秒级同步。
1) 由于时钟域未完全同步，所以对于未同步传感器的数据，时间只能定为计算平台接收到数据时的时间戳；
2) 这中间的误差，通常在几毫秒到几十毫秒之间。各传感器成像频率差异大。
各传感器成像的时间不一致，导致成像结果之间无法有效对齐。

毫米波雷达
摄像头
IMU
激光雷达

时间t

图 7-23　成像同步状态估计

图 7-24 所示为传感器误差补偿计算。

更进一步，让传感器同时成像（硬同步），可进一步降低成像误差，如图 7-25 所示。

多传感器系统需要尽量降低时间戳与真实成像时间之间的误差。

时间戳误差分析：

① 激光雷达：成像的点云中，由于已经完成时间同步，每个点的成像时间与时间戳之间无误差；

② 摄像头、毫米波雷达及超声波传感器成像结果与时间戳存在不可控误差。

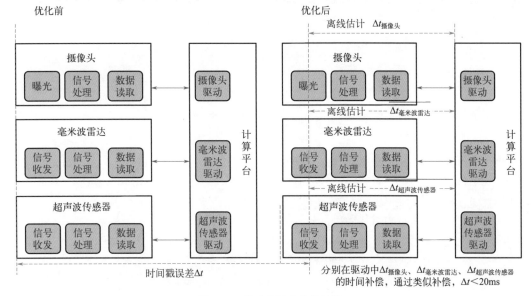

图 7-24　传感器误差补偿计算

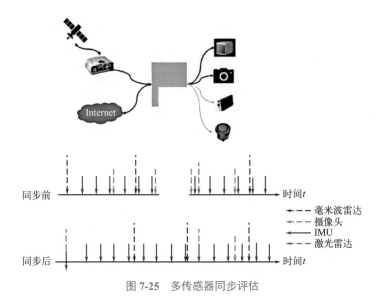

图 7-25　多传感器同步评估

构造一个触发装置，在指定的时刻发送触发信号，让所有的传感器触发成像，减小成像时间误差。该设备功能如下：

① 连接 GPS 信号和 NTP 服务器，确保时钟实现微秒级同步；

② 设置触发逻辑（如激光雷达正前方的成像相位），同时触发激光雷达和摄像头成像；

③ 支持多激光雷达和多摄像头，暂不支持毫米波雷达和超声波传感器。

优点：系统精度更高，可将系统同步误差控制在 $\Delta t < 5\text{ms}$；

缺点：丢失一些系统的灵活度和高频数据。

7.6 多传感器融合算法

对多传感器融合问题进行建模。

对于建图与定位，可以用下式描述：

$$G(\text{sensor}_t) \rightarrow \left\{ \begin{bmatrix} \boldsymbol{R} & \boldsymbol{t} \\ \boldsymbol{0} & 1 \end{bmatrix}, \{\text{landmarks}_0, \cdots, \text{landmarks}_t\} \right\}$$

式中，sensor_t 为 t 时刻传感器系统采集的信息，通常包含 gnss_t、image_t、pointcloud_t（对应 t 时刻定位、图像、点云）等；$\boldsymbol{R}$ 为当前自车坐标系相对于世界坐标系的旋转矩阵；$\boldsymbol{t}$ 为对应的平移向量；landmarks_t 为 t 时刻的道路环境特征元素，以语义或者特征点的形式表达。

对于感知问题，可以用下式描述：

$$F(\text{sensor}_t) \rightarrow \begin{cases} \text{object}_t, \text{object} = \{x, y, z, l, w, h, v_x, v_y, v_z, \cdots\} \\ \text{scenario}_t, \text{scenario} = \{\text{class}, \text{zone}\} \\ \cdots \end{cases}$$

式中，sensor_t 为 t 时刻传感器系统采集的信息，通常包含 gnss_t、images_t、pointloud_t 等；object_t 为 t 时刻环境中的目标级障碍物，可用位置、速度、加速度、类别等属性描述独立个体；scenario_t 为 t 时刻环境中的语义级别元素描述，通常不以独立的障碍物形式表达，如施工区域、雨水场景等；其他量如 x、y、z 等为具体参数。

对于感知问题，有两种主要解决方式：后融合与前融合。

（1）后融合

后融合：多模态数据分别完成检测和分割任务后的元素融合，如图 7-26 所示。

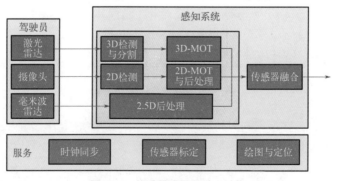

图 7-26　传感器感知后融合结构

首先对激光雷达的数据进行 3D 检测与分割，再进行多目标跟踪，得到 3D 空间的元素；对摄像头的数据进行 2D 的检测，得到 2D 空间的元素信息；对毫米波雷达的信息进行处理，得到 2.5D 的信息。利用算法进行多传感器融合，最后输出结果，如图 7-27 所示。

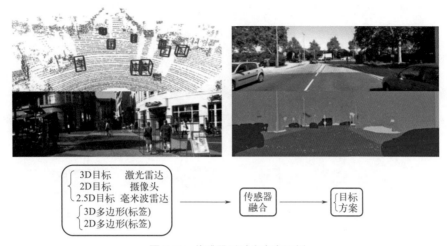

图 7-27 传感器后融合方案示例

后融合需要解决的问题主要有以下三个：

① 多观测条件下系统状态估计问题；

② 时空对齐（预测）问题；

③ 目标匹配问题。

（2）前融合

前融合：将多模态数据直接输入模型，让模型根据多模态数据提升目标检测精度的融合方式。其中，模态（modality）是指信息的某种特定的表达形式，如语音、图像或文本。深度学习是多模态融合的主要技术手段。

前融合需要解决的问题主要有以下三个：

① 单模态特征如何表达？

② 多模态时空如何对齐？

③ 多模态特征如何有效融合？

对于多模态前融合，有以下三种常见方法：数据融合、特征融合以及目标融合。三种方法分别如图 7-28 ～图 7-30 所示。

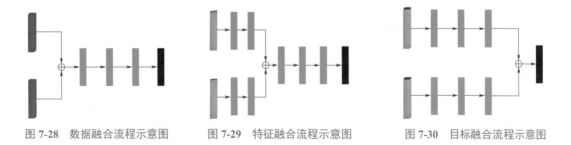

图 7-28 数据融合流程示意图   图 7-29 特征融合流程示意图   图 7-30 目标融合流程示意图

三种融合方式的对比如图 7-31 所示。

图 7-32 所示为实际 L4 多传感器融合的感知系统。

	目标融合	数据融合	特征融合
方法	各传感器输出目标级结果，然后融合	各传感器原始数据融合，然后检测	各传感预处理，得到特征级融合
特点	融合复杂度低(方便查看各传感器的效果)，提升了感知的稳定性，但融合不充分，难以提升感知效果	信息充分交互，在一定程度上提升感知能力，但过程复杂，对深度学习可能不友好	既实现充分交互，又节省一定算力，保证每个传感器的特征有一定的独立性

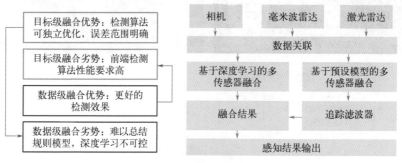

图 7-31 三种融合方式对比

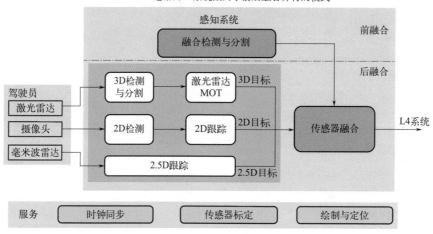

图 7-32 实际 L4 多传感器融合的感知系统

图 7-33 所示为实际 L2 多传感器融合的感知系统。

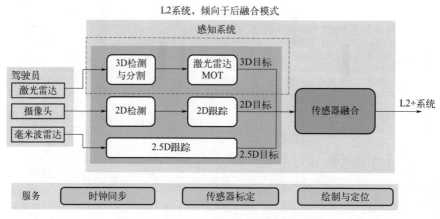

图 7-33 实际 L2 多传感器融合的感知系统

7.7 基于卡尔曼滤波 / 扩展卡尔曼滤波的感知融合

（1）基于卡尔曼滤波的感知融合

① 卡尔曼滤波（KF）的特点：

KF 能从混杂信号中提取出所需信号，即它是一种排除随机干扰，提高测量精度的方法；

KF 是一种时域递推算法，根据上一状态的估计值和当前状态的观测值推出当前状态，不需要存储大量的历史数据，便于计算机实现。

② 构建卡尔曼滤波器的要点：

KF 非常依赖状态空间分析方法，即需要建立系统模型和观测模型；

KF 是基于最小方差准则推导出来的一种线性滤波器，假定过程噪声和观测噪声均为高斯白噪声。

③ 卡尔曼滤波的启示包括如下内容：

将多传感器融合的抽象概念，转换为参数估计的数学问题，即利用多次测量值来获得状态的最优估计。

可以用方差作为信息质量的指标，并依此进行加权平均。方差越大，不确定性越高，信息的比重越小。

回归计算，对于处理时间序列数据具有很多优势，数据储存量小，数据计算量小，数据利用率高。

④ 卡尔曼滤波的局限性包括如下内容：

要求是线性系统→建模时需要构建相应的形式；

要求高斯白噪声→方差计算和传递使用了高斯分布特性；

要求信息可建模→所有待融合信息都必须转化为方程组。

（2）基于扩展卡尔曼滤波的感知融合

图 7-34 所示为非线性系统预测流程。

基于扩展卡尔曼滤波的感知融合相关流程如图 7-35 所示。

非线性模型	将模型的预测和传感信息看作两次测量进行融合
↓	● 建模过程
泰勒一阶展开	↓
↓	● 初始化
雅可比矩阵	↓
↓	● 预测过程
近似线性模型	↓
	● 量测更新

图 7-34　非线性系统预测流程　　　　图 7-35　基于卡尔曼滤波的感知融合相关流程

扩展卡尔曼滤波带来的启示有：

① 将多传感器融合的抽象概念，转换为参数估计的数学问题，即利用多次测量值，来获得状态的最优估计。

② 可以用方差作为信息质量的指标，并依此进行加权平均。方差越大，不确定性越高，信息的比重越小。

③ 回归计算，对于处理时间序列数据具有很多优势，数据储存量小，数据计算量小，数据利用率高。

扩展卡尔曼滤波的局限性有：

① 要求是近似线性系统→建模时需要求解雅可比矩阵；

② 要求高斯白噪声→方差计算和传递使用了高斯分布特性；

③ 要求信息可建模→所有待融合信息都必须转化为方程组。

7.8 传感器融合后的应用示例

（1）示例1：传感器融合后应用到三维目标检测

多种传感器融合后应用到 ADAS 三维目标检测，如图 7-36 所示。

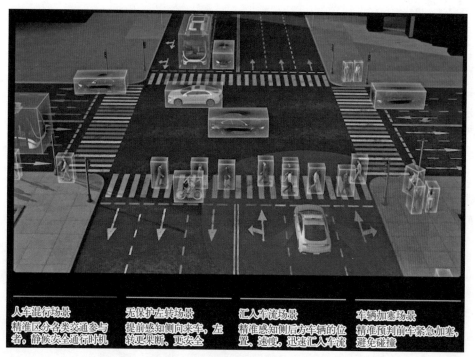

图 7-36 ADAS 三维目标检测示例

（2）示例2：传感器融合后应用到目标跟踪

多目标跟踪是在多目标检测的基础上升级开发的。根据图像相邻几帧的目标框，预测相邻图像之间的检测框之间的关系并赋予 track_id（track_id 表示跟踪号）。相邻两帧图片中相同的目标则有相同的 track_id，不同的目标则有不同的 track_id。

目标跟踪的流程如下：

① 对检测到的目标加上标记；

② 比较前后两帧图像的检测目标的中心点之间的距离，如果小于指定的阈值，就认为是相同的目标，track_id 标记不变；

③ 当目标在画面上消失后，删除目标的 track_id 标记；

④ 一旦某一帧图像中有新目标出现，在检测到的目标中，先给确定上一帧目标的中心点坐标添加标记，再给剩余的检测目标（即新目标）添加标记。

比较前两帧图像（count ≤ 2）目标中心点之间的距离（其中 count 表示记录帧数），用来确定初始有哪些目标，使用 track_id 来标记这个目标。当确定中心点之间的距离小于某个值，且判定为目标时，要注意离摄像头越近的目标在画面上的速度越快，两帧之间的距离就变得较大，这时要合理选择阈值，比较前后两帧之间中心点的距离。

在确定 count > 2 时的中心点距离时，要比较当前帧图像检测到的目标的中心点坐标，以及上一帧中跟踪的目标的中心点坐标。如果坐标距离小于阈值，表示前后两帧是同一个目标，只需要更新上一帧中已跟踪目标的中心点坐标即可，不需要对它做新 track_id 标记。

当把已跟踪目标更新完之后，当前帧中剩下的检测出是目标的物体就是新出现的目标，需要赋予新的标签 track_id，track_id 每次赋值完之后 +1，起计数作用。

如果跟踪的目标消失了，即当前帧检测出的目标和上一帧跟踪的目标之间的距离相差大于指定阈值时，将它的标签从跟踪对象的"字典"track_objects 中删除。

跟踪算法能够实时跟随所检测的目标，但有以下难点需要克服：

① 在目标物抖动情况下跟踪易丢失，算法层面需要使用不同的测量噪声和系统过程的噪声来增加系统的稳定性；

② 目标框经过滤波会带来算法层面上的延时；

③ 现阶段常常使用 3D 检测框进行目标跟踪的深度学习方法，但相应的数据标注需要点云数据。

跟踪的 track_id 风格，可参考 ADAS 的两个示例：

图 7-37 所示车辆与行人跟踪示例；

图 7-38 所示重叠行人跟踪示例。

（3）示例 3：传感器融合后应用到目标测距

精准的目标测距是定位的基石。目前测距方法主要包括两种：

方法一：图像上测距方法。最直接的方法就是在图像上计算像素的总数，然后与世界坐标系进行映射计算，即乘一个缩放系数。三维图像上测距需要确定三维目标距离成像中心的坐标 (x, y, z)，包括水平方向与垂直方向上的距离，其中水平方向还包括纵向距离和横向距离；随后可根据这 3 个参数，计算出三维目标的直线距离。

方法二：飞行时间（time of flight，ToF）方法。即传感器发出经调制的近红外光，光线遇到目标物体，反射后回到传感器，内置的计时器记录其来回时间，传感器通过计算光线发射和反射时间差或相位差，即可计算出被测目标的距离，以产生深度信息。此外再结合传统的摄像头拍摄，就能将物体的三维轮廓以不同颜色代表不同距离的地形图方式呈现出来。

图 7-37　车辆与行人跟踪示例

图 7-38　重叠行人跟踪示例

图 7-39 为 ToF 测距示意图。

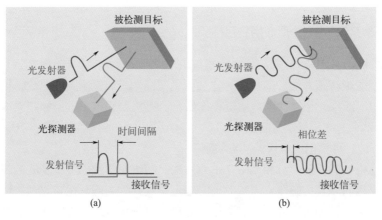

图 7-39　ToF 测距示意图

附录　智能驾驶功能中英文对照

简称	英文	中文
ACC	adaptive cruise control	自适应巡航控制（系统）
AEB	autonomous emergency braking	自动紧急刹车
APA	auto parking assist	自动泊车辅助（系统）
BSD	blind spot detection	盲区监测（系统）
DFMS	driver fatigue monitor system	疲劳驾驶预警系统
DOW	door open warning	开门预警
EAS	emergency active stop	紧急主动停车
ECU	electronic control unit	电子控制单元
EDU	electric drive unit	电控驱动单元
ELK	emergency lane-keeping	紧急车道保持
EMS	engine management system	发动机管理系统
FCW	forward collision warning	前方碰撞预警（系统）
LCA	lane change alert	变道预警
LCC	lane centering control	车道居中控制
LDP	lane departure prevention	车道偏离预防
LDW	lane departure warning	车道偏离预警
LKA	lane keeping assist	车道保持辅助
MCU	micro controller unit	微控制单元
NOA	navigate on autopilot	导航辅助驾驶
PCW	pedestrian collision warning	行人碰撞预警
PNC	planning and control	规划与控制
RCTA	rear cross traffic assist	后向交通穿行预警
RCW	rear collision warning	后方碰撞预警
SAPA	semi-autonomous park assist	半自动泊车辅助
SAPA	shiftless advanced parking assist	自动高级泊车辅助
TJA	traffic jam assistant	交通拥堵辅助（系统）
TSR	traffic sign recognition	道路标志识别

参考文献

[1] Jiang M, Xu G, Pei H, et al. 4D high-resolution imagery of point clouds for automotive mmwave Radar[J]. IEEE Transactions on Intelligent Transportation Systems, 2023: 1-15.

[2] Bilik I, Longman O, Villeval S, et al. The rise of Radar for autonomous vehicles: Signal processing solutions and future research directions[J]. IEEE Signal Processing Magazine, 2019, 36 (5): 20-31.

[3] Venon A, Dupuis Y, Vasseur P, et al. Millimeter wave FMCW Radars for perception, recognition and localization in automotive applications: A survey[J]. IEEE Transactions on Intelligent Vehicles, 2022, 7 (3): 533-555.

[4] Harlow K, Jang H, Barfoot T D, et al. A new wave in robotics: Survey on recent mmwave Radar applications in robotics[J]. arXiv: 2305.01135, 2023.

[5] Bai X Y, Hu Z Y, Zhu X G, et al. Transfusion: Robust Lidar-Camera fusion for 3D object detection with transformers[J]. arXiv: 2203.11496, 2022.

[6] Caesar H, Bankiti V, Lang A H, et al. Nuscenes: A multimodal dataset for autonomous driving[J]. arXiv: 1903.11027, 2020.

[7] Carion N, Massa F, Synnaeve G, et al. End-to-end object detection with transformers[J]. arXiv: 2005.12872, 2020.

[8] Chen Y, Liu J, Qi X, et al. Scaling up kernels in 3D CNNs[J]. ArXiv preprint arXiv: 2206.10555, 2022.

[9] Dosovitskiy A, Beyer L, Kolesnikov A, et al. An image is worth 16×16 words: Transformers for image recognition at scale[J]. arXiv: 2010.11929, 2020.

[10] Liu Z, Lin Y, Cao Y, et al. Swin transformer: Hierarchical vision transformer using shifted windows[C]. Proceedings of the IEEE/CVF International Conference on Computer Vision, 2021: 10012-10022.

[11] Kong F, Xu W, Cai Y, et al. Avoiding dynamic small obstacles with onboard sensing and computation on aerial robots[J]. IEEE Robotics and Automation Letters, 2021, 6 (4): 7869-7876.

[12] Lin J, Liu X, Zhang F. A decentralized framework for simultaneous calibration, localization and mapping with multiple LiDARs[C]. 2020 IEEE/RSJ International Conference on Intelligent Robots and Systems (IROS), 2020: 4870-4877.

[13] Gallego G, Delbruck T, Orchard G, et al. Event-Based Vision: A Survey[J]. IEEE Transactions on Pattern Analysis and Machine Intelligence, 2020, 44 (1): 154-180.

[14] Jusoh S, Almajali S. A Systematic Review on Fusion Techniques and Approaches Used in Applications[J]. IEEE Access, 2020, 8: 14424-14439.

[15] Yeong D J, Velasco-hernandez G, Barry J, et al. Sensor and sensor fusion technology in autonomous vehicles: A review[J]. Sensors, 2021, 21 (6): 2140.

[16] Hagemann A, Knorr M, Stiller C. Modeling dynamic target deformation in Camera calibration[J]. arXiv: 2110.07322, 2022.

[17] Gan L, Zhang R, Grizzle J W, et al. Bayesian spatial kernel smoothing for scalable dense semantic mapping[J]. IEEE Robotics and Automation Letters, 2020, 5 (2): 790-797.

[18] Debeunne C, Vivet D. A review of visual-Lidar fusion based simultaneous localization and mapping[J]. Sensors, 2020, 20 (7): 2068.

[19] Dong X, Niu J, Cui J, et al. Fast segmentation-based object tracking model for autonomous vehicles[C]. International Conference on Algorithms and Architectures for Parallel Processing, 2020: 259-273.

[20] Zhang Y, Zhou Z, David P, et al. Polarnet: An improved grid representation for online Lidar point clouds semantic segmentation[C]. Proceedings of the IEEE/CVF Conference on Computer Vision and Pattern Recognition, 2020: 9601-9610.